供电服务典型场景标准化作业指导书

国网河南省电力公司营销部
国网河南省电力公司营销服务中心（计量中心） 组编

中国电力出版社
CHINA ELECTRIC POWER PRESS

内 容 提 要

在经济社会发展和能源消费方式变革的新形势、新挑战下，客户服务涉及专业及服务内容日益多元。国网河南省电力公司营销部、国网河南省电力公司营销服务中心结合河南省客户服务特点，深入开展了调研并编写了本书。本书深入挖掘客户需求及客户服务工作薄弱点，对现场走访、电话、短信、微信四类通用服务方式的服务原则、服务方式进行了规范；并分析了典型场景，梳理出停电、低电压、农田灌溉、户用分布式光伏、被转供电、租赁、充电桩报装、第三方代扣异常、生命线工程、生命维持十类典型场景；针对不同场景客户群体的敏感事项，明确了各类客户群体服务原则、服务要点。此外，本书针对部分客户群体服务提供了个性化辅助材料，如十类典型场景服务话术和针对光伏客户提供了光伏电价政策汇总。

本书适合供电公司客户服务一线工作人员学习使用，对针对不同目标客户群体的客户服务工作有一定指导作用。

图书在版编目（CIP）数据

供电服务典型场景标准化作业指导书/国网河南省电力公司营销部，国网河南省电力公司营销服务中心（计量中心）组编．—北京：中国电力出版社，2024.1

ISBN 978-7-5198-8206-8

Ⅰ.①供… Ⅱ.①国…②国… Ⅲ.①供电-工业企业-服务质量-标准化-中国 Ⅳ.①F426.61-65

中国国家版本馆 CIP 数据核字（2023）第 193979 号

出版发行：中国电力出版社
地　　址：北京市东城区北京站西街 19 号（邮政编码 100005）
网　　址：http://www.cepp.sgcc.com.cn
责任编辑：牛梦洁（010-63412528）
责任校对：黄　蓓　朱丽芳
装帧设计：郝晓燕
责任印制：吴　迪

印　　刷：北京九州迅驰传媒文化有限公司
版　　次：2024 年 1 月第一版
印　　次：2024 年 1 月北京第一次印刷
开　　本：787 毫米×1092 毫米　16 开本
印　　张：5.75
字　　数：79 千字
定　　价：30.00 元

编 写 组

主　　编	孙合法	赵　睿	李翼铭	
副 主 编	王予疆	田　珂	刘婧一	陈　旭
	邵永刚	王　坤		
参编人员	丁　博	戚家伟	刘　峥	贺亦鑫
	郭　越	孙泽亚	安　刚	陈慧娜
	李晓敏	姬惠颖	于　龙	赵开灿
	牛晓霞	郝亚松	陈　峰	刘远哲
	朱　鹤	杜晓瀚	李克燕	廖惠娟
	林　伟	佟茹颖	龚静毅	张素君
	赵　红	郑雅心	高浩轩	

前 言

在经济社会发展和能源消费方式变革的新形势、新挑战下，客户对供电服务需求日益多元化。随着网格化服务工作深入推进，客户多元需求对基层人员服务能力、服务质量提出了更高要求，需从多专业维度为客户提供更加高效、优质的服务。为精准定位客户重点关注服务事项，靶向指导基层人员日常工作，提升供电网格服务质量，做好服务风险防范，加快推动供电服务转型升级，特编制本书。

本书以“客户满意、赋能基层”为出发点，挖掘梳理出十类供电服务典型场景的服务原则、敏感事项和服务要点，将基层一线多年的客户服务经验进行归纳和完善，推广先进经验，为基层一线提供标准化作业指导，以改善工作方法，提高工作效率，提升客户服务体验。此外，以“普遍管理、流程管控”为支撑点，规范四类通用服务方式，确保服务流程的闭环管控，以提升客户感知和满意度。同时，针对不同场景客户群体特点和诉求定制差异化服务策略，为一线员工提供有效参考。

本书在编写过程中，国网河南省电力公司郑州供电公司、国网河南省电力公司洛阳供电公司、国网河南省电力公司安阳供电公司、国网河南省电力公司周口供电公司、国网河南省电力公司许昌供电公司、国网河南省电力公司濮阳供电公司、国网河南省电力公司开封供电公司、国网河南省电力公司信阳供电公司、国网河南省电力公司漯河供电公司提供了宝贵建议及大量素材，在此表示衷心的感谢。

由于编者水平有限，书中可能存在不妥之处，恳请读者批评指正。

目　　录

第一章　总　　则

一、 编制目的

在经济社会发展和能源消费方式变革的新形势、新挑战下，客户对服务的需求日益多元。而客户服务工作中，涉及专业众多，各专业有不同的服务内容和服务要求，形成针对不同目标客户群体的丰富经验，但缺乏渠道将其有效融合。随着网格化工作的推进，客户需求及内部管理均对基层工作人员的服务能力提出了更高要求，需要从多专业维度为客户提供更加高效、优质的服务，因此其服务过程更需要专业指导。为精准定位各类客户重点关注事项，靶向指导基层人员日常工作，进一步降低服务风险并提升供电网格服务质量，加快推动供电服务转型升级，特编制《供电服务典型场景标准化作业指导书》，为基层服务工作提供参考。

二、 编制原则

坚持客户满意和基层减负相统筹，合理调配服务资源。坚持普遍适用原则，聚焦基层需要，结合业务要求、服务经验，因地制宜充分考虑客户群体服务方向，统筹兼顾各方需求。

三、 内容简介

一是以“客户满意、赋能基层”为出发点。结合河南客户服务特点，深入开展调研，深度挖掘客户需求及服务工作薄弱点，分析梳理出停电、低电压、农田灌溉、户用分布式光伏、被转供电、租赁、充电桩报装、第三方代扣异常、生命线工程、生命维持十类典型场景的服务原则、关注事项和服务要点，将基层一线多年积累的客户服务经验进行归纳完善，对先进经验进行推广普及，为基层一线标准化作业提供指导。同时解决了员工在面对新业务、新客户群体时无可借鉴的状况，便于其改善工作方法、提高工作效率，从根源上提升客户服务体验。

二是以“普遍管理、流程管控”为支撑点。针对现场走访、电话、微信、短信四类通用服务方式进行规范，进行服务流程闭环管控。在服务客户前做好准备工作，如了解客户信息、对微信群进行维护宣传；与客户的信息交互中，掌握沟通技巧，收集客户诉求；在客户反映问题后及时对反映的问题进行处理。通过对共性情况进行统一规则制定，规范客户服务流程。

三是以“标准策略、定制服务”为着力点。对十类典型场景进行重点分析，针对不同场景客户群体特征及常见诉求，研判服务风险，明确各类客户群体个性化服务原则、关注事项，根据关注事项针对性提出服务研判、诉求处理、专业协同、服务禁忌等全流程服务要点，并后附标准话术供服务人员参考。此外针对部分客户群体服务提供个性化辅助材料，如对光伏客户服务场景提供光伏电价政策汇总，便于服务客户时查阅。指导书中标准服务策略贴合客户特征，为一线员工提供有效参考，助力其精准施策，为客户提供“定制化服务”体验。

第二章　通用服务方式

一、 现场走访

（一）服务原则

走访客户应坚持主动服务原则，严格执行首问负责制，针对特殊敏感客户制定精准走访措施，合理进行“超常事项”报备，及时了解并快速响应客户诉求，杜绝在关键性客户中出现“四个不清楚”现象（即政策、流程、责任、成效不清楚）。

（二）服务要求

1. 人员能力

应熟练掌握主动服务网格经理出门入户事项，根据客户类型做到“一次性告知”，包括但不限于以下内容：代理购电、能效服务、“网上国网”APP、安全用电服务举措、营商环境优化等。

2. 访前准备

（1）梳理客户基础信息，如：户名、户号、联系方式、用电类别等。

（2）查询客户近期电能质量情况，是否存在供电可靠性较差、电压质量异常等问题。

（3）整理近期涉及客户所在区域的计划停电时间。

（4）分析客户用能情况，提前做好为客户用能提供优化建议的准备。

（5）查看客户 90 天内是否拨打 95598 反映用电诉求，并落实处理进度。

（6）通过移动作业终端发起主动走访工单。

3. 现场服务

（1）亮明身份，出示工作证件，做好自我介绍，规范个人言行举止。

（2）进入客户现场应着工作服，佩戴安全帽、携带行为记录仪（4G对讲机），收集客户用电诉求及意见建议，并录入移动作业终端主动服务工单。

（3）向客户递交网格服务卡，引导客户保存网格经理电话，邀请客户进入网格服务微信群，在表箱、楼道等客户认为合适的地方张贴服务告示牌。

（4）核对户名、户号、联系方式、用电类别、执行电价等基础信息是否准确，确认停电、欠费时客户户号绑定的联系号码能否收到短信提醒。

（5）检查客户计量装置，宣传告知客户产权分界点位置及双方安全维护责任。

（6）结合客户需求，适时推广“网上国网”APP，向客户介绍查询电量电费信息、办理用电业务、参加“充电日”活动、积分兑换等功能，宣传惠企惠民、降价清费、扶贫等相关政策。

（7）详细记录客户意见建议，能解决的及时解决，不能解决的上报管理部门提级处理。

4. 质效分析

（1）每周、月汇总走访情况，梳理归纳共性问题，对于客户反映的突出问题及时上报管理部门。

（2）建立问题清单台账，对客户反映问题已办结的做完结标识，未办结的持续跟进办理进度并及时关注。

（3）结合全口径工单数量变化趋势分析走访成效。

5. 互动沟通

（1）沟通侧重点。互动沟通应侧重于客户企业经营亮点、有利于客户生产经营的用电政策等客户感兴趣的话题，忌谈个人隐私或泄露客户机密信息。

（2）用电政策沟通侧重点示例。

1）一月多人口用户认定办理，侧重于介绍多人口用户的电价优惠政策和办理方式。

2）春节前夕，侧重于向返乡用户推介属地网格服务渠道和相关优惠政策。

3）春灌、冬灌期间，侧重于介绍各级政府、水合组织和供电公司对农排设施的管护界面和收费政策，公司延伸服务的理念和措施。

4）六～九月份迎峰度夏期间，侧重于介绍公司度夏保供电政策和节能用电常识，对高危及重要用户、小区用户做好防汛安全宣传。

5）十一月份供暖期特抄及非集中供暖区域认定期间，侧重于宣传供暖期阶梯电价执行标准、执行范围和办理方式。

6）十二月、一月跨年期间，侧重于向用户进行阶梯电价政策解读。

（三）服务内容

1. 诉求调研类

（1）敏感客户。

1）建立沟通联络，促使客户将网格经理电话存入手机、邀请客户加入网格微信群。

2）核对客户基础台账信息（账务联系人电话、地址、户名等），对不准确信息及时更新。

3）征求客户对供电服务的意见和建议，针对客户疑问和矛盾点依据相关政策进行细化讲解，争取客户理解。

（2）低保五保户。

1）及时了解客户是否按月足额收到返还电费，若未收到，协助客户联系当地民政部门及时解决。

2）积极推广网上国网“交费送积分”“充电日”交费立减等节活动。

3）主动开展用电安全检查关爱活动。

（3）“煤改电”客户。

1）了解“煤改电”客户对供电公司优质服务工作满意度。

2）告知煤改电用户电费优惠过程中的相关信息，例如电费优惠金额、电价优惠政策等。

（4）机井通电户。

1）介绍农排机井设施管理维护权移交政策。

2）介绍机井通电设施灌溉价格构成。

3）介绍灌溉用电办理相关手续及流程。

（5）光伏扶贫户。

1）介绍光伏扶贫政策及措施、扶贫电站资产界面、运维管理界面和电力公司职责，以及购电费支付和补贴转付流程。

2）针对已纳入国家补贴目录的光伏扶贫电站，及时掌握上网购电费“月结月清”情况；对于未并网的电站，主动提供一对一上门服务，做到随报随接。

3）针对光伏扶贫电站受益的贫困户，及时掌握贫困户是否已享受补贴收益，若未享受，要积极协助客户查找问题，及时联系当地扶贫部门协调解决。

（6）“万人助万企”企业。

1）询问企业是否存在用电方面的问题和困难。

2）做好需求侧响应范围内企业的前期通知、政策宣传和执行流程告知。

（7）公共服务行业客户。

1）调研客户应急保安负荷容量和自备电源容量。

2）调研客户对计划停电及故障停电信息告知的相关要求。

2. 问题闭环类

（1）合理诉求。

1）网格经理在移动作业终端内回复主动走访工单时，同步填报客户合理需求内容，供电所综合值班岗每日按类统计问题，建立清单台账，上报至供电所负责人员。

2）按照问题的紧急性、必要性及重要性程度编制办理计划，定期召开走访问题分析会，通报问题处理进度，做好问题聚类分析，举一反三，主动解决其他用户类似问题。对于供电所层级无法解决的问题及时上报。

3）市、县公司建立内部协调机制，定期召开协商会议，集中研讨供电所上报的客户合理需求内容，制定解决措施，形成良性发展的供电服务生态环境，推动服务质效持续提升。

4）市、县供电服务指挥中心对已归档走访工单进行质量跟踪，掌握网格经理走访质效、客户诉求办理情况及对供电网格服务的满意度评价。

（2）超常诉求。建立客户超常诉求台账；客户诉求涉及业务人员主动上门为客户进行政策解读，保留现场音视频资料，做好客户标记，及时开展重要服务事项报备；举例向所辖层级政府管理部门函告。

二、 电话

（一）服务原则

电话服务应以满足客户诉求、愿望和利益为出发点，以提高服务质量为根本，严格遵循“十二字”服务方针原则、快速反应原则，严格落实首问负责制。

（1）“十二字”方针原则：拨打、接听客户电话时，应严格遵守“礼貌、耐心、优质、方便、规范、真诚”十二字服务方针，严禁与客户进行辩论、争吵。

（2）快速反应原则：客户诉求可即刻答复的，应使用标准话术给予客户准确答复，解决不了的应向上级部门反映并约定回复时间，在约定时间内给予客户答复。

（3）首问负责制：对客户反映的投诉、意见（建议）、查询咨询等问题进行详细记录，严格遵守“一话一单”规定，属于职责范围或能够及时答复客户的，根据有关政策、法规及规定立即答复；对于不属于职责范围的客户要求，也要全程引导，为客户提供必要帮助。

（二）服务要求

1. 供电服务网格经理电话（网格虚拟号）

供电网格服务虚拟号：主要针对网格经理电话。向客户提供用电业务咨询、故障报修、预约办电等服务，对客户的咨询和用电问题不推诿、不拒绝、不搪塞，及时、耐心、准确地给予解答，客户诉求在本职范围的，立即进行解决；超出范围的，及时向客户做好解释，并将其诉求收集传递至上级部门，跟进处理进度。与客户沟通电话录音至少保留三个月。

2. 人员基本素质

网格经理应在振铃 3 声（12s）内接听，一般情况下不得先于客户挂断电话。

网格经理接听或外呼电话时应做到态度真诚，用语文明，专心聆听，适时引导，准确快速判断客户反映的问题，使用恰当语言总结客户诉求，重要内容要重复确认，并准确回答客户问题。对于超出解答能力范围的问题，应与客户确认并详细记录问题，按时限要求派发工单。

网格经理对涉及非公司业务诉求应礼貌说明情况，并做好记录；对带有主观恶意的骚扰电话，使用标准话术提示客户后，可先行挂断电话，做好通话信息记录，并结合通话情况，及时逐级汇报，进行服务风险研判，采取相应防控措施。

3. 服务流程

电话服务可分为五个部分：接触客户、理解客户、帮助客户、结束服务、质量跟踪。

（1）接触客户。电话接通后，接听电话应保持声音清晰、自然，说话音调、语气亲切友好，语速适中。当客户情绪较为激动时，对待客户应表现出耐心与理解，安抚客户情绪。

（2）理解客户。初步接触客户：在与客户初步接触后，要耐心地听取客户的讲话，快速捕捉客户意图，并对客户进行引导式提问。

在客户讲话时，应适时地说“是的、我明白、我了解”等表示认真倾听的话语。在客户表达不满时，应说：“嗯，我在听！/我非常理解您的心情，我一定为您服务好！/您请讲！/还有吗？请继续！”等不表明观点的话语。

在向客户了解相关信息时，需要通过了解性问题进行询问，并强调客户提供信息的重要性，尽量不要正面直接提问，避免招致客户的反感而不配合网格经理工作的开展。

“您反映的情况对我们非常有帮助，能不能告诉我们您的户号或者表号？这样我们就能确认问题发生的最小范围，有助于帮助我们尽快解决您的问题。”的话术，通过了解性问题询问达到了解客户信息的目的。

（3）帮助客户。在解答客户提问的过程中，应时刻留意客户的反应，在向客户解释较多话语时，应询问客户是否理解明白。

解答客户过程中，客户无任何回应，可能有两种情况：一是解答的步伐太快，客户的思维跟不上，这时应询问客户：“您好，我说得明白（清楚）吗？”二是没有留意网格经理的解答，可以通过委婉的方式提醒客户，以集中客户的注意力。若在处理过程中需要较长时间，应每隔一段时间告知客户进展，切不可强行要求客户挂机。

（4）结束服务。针对一次办结工单，服务结束时应询问客户是否满意，并向客户表示感谢：“请问您还有需要帮助的吗？/请问您还有需要咨询的吗？感谢您的拨打！/感谢您的来电，以后您在用电方面有需要帮助的，欢迎继续拨打我们的电话！”

针对无法一次办结的工单，应认真记录客户诉求，服务结束时应向客户说明：“您还有什么需要反映的/补充的吗？/您反映的问题我们将安排专业人员进行对接，请您耐心等待。/感谢您的来电，以后您在用电方面有需要帮助的，欢迎继续拨打我们的电话！/祝您生活愉快，再见！”

（5）质量跟踪。对一次办结工单按一定比例进行走访，应如实记录客户意见。宜在每日 8：00～12：00 及 14：00～17：00 开展客户走访，在走访前应熟悉客户诉求内容，与客户约定走访时间。

4. 服务质量评价

供电服务网格经理电话（网格虚拟号）：供电服务指挥中心通过对工单抽访获取客户满意度，调听客户录音检查网格经理电话服务规范，结合客户诉求升级率、客户满意度，评价供电服务网格经理电话（网格虚拟号）服务质量。

5. 沟通原则

与客户会话时，使用规范化文明用语，提倡使用普通话，不得使用服务禁语。遇到客户提出不合理要求时，应向客户委婉说明，不得与客户发生争吵。网格化服务接打电话时要全程录音，规范服务用语、服务行为，遇到敏感客户注意沟通技巧，重大问题要及时上报，做好风险防范。严格按照规定话术解释，不得自行解读，不得超范围解释。

（三）服务内容

网格经理电话服务内容主要包括处理故障报修、查询咨询、其他诉求等。

（1）故障报修。客户咨询停电情况时，准确告知客户停电原因、抢修进度、预计送电时间等。如故障处理较难，需要时间较长，应向客户说明，并时刻关注，及时向客户传递现场抢修信息，争取客户理解。对客户内部故障，告知客户产权分界点，建议客户联系产权单位或有资质的施工单位处理，但不可指定施工单位。针对空巢老人、老弱病残等特殊客户报修内部故障，建议向客户提供“拓展服务—内部故障报修上门服务”。

（2）查询咨询。网格经理受理客户咨询应详细记录客户信息、咨询内容、联系方式。能直接答复的，应直接答复；不能直接答复的，详细记录客户诉求，与客户约定答复时间，咨询相关专业后，在约定时间内答复客户；短时无法解决的问题应向上级汇报，与客户共同跟进处理进度，做好客户沟通安抚。

客户查询、咨询用电信息时，例如电费账单、欠费情况等，应通过开放式问题与客户核对客户户名、客户编号、用电地址等客户档案信息，客户能够提

供正确的客户名称、客户编号、表号、联系电话、身份证号中的两项及以上信息，与客户核实大致地址后告知客户查询结果。客户无法提供的，则通过规范话术向客户礼貌拒绝服务。

（3）其他诉求。网格经理受理客户家电赔偿、供电设备位置、电力施工等其他诉求时，应严格遵守首问负责制，并使用规范话术引导客户通过合法渠道反映。不得推诿客户，应详细了解客户诉求，并根据客户诉求联系相关部门进行处理，为客户提供必要的帮助。短时无法解决的应向上级汇报，与客户共同跟进处理进度，做好客户沟通安抚。

三、短信

（一）服务原则

短信发送应尽量避免打扰客户正常生活。通用业务短信内容为固定模板，根据环节时限自动触发；本地个性化服务短信内容为人工采编，应简洁、准确，通过营销业务系统、供电服务指挥系统发送，若内容涉及公告性质，须经本单位业务部门审核后发布。发现异常问题时，应在当日予以解决，若问题较为复杂时，可合理延长，但须告知客户。

（二）服务要求

1. 短信类别

（1）停电类短信。

1）计划停电短信：提前 7 天通过短信发送停电信息，停电前 3 天再次对涉及停电客户发送。故障停电短信：15min 内对停电客户发送。欠费停电短信：在客户欠费后，提前 7 天发送欠费通知，提前 30min 发送停电通知。

2）当抢修时间需延长时，现场抢修人员须立即向供电服务指挥中心和配电网调度中心反馈现场情况，经配电网调度中心审核后，由供电服务指挥中心修改停电信息内预计送电时间，再次向客户发送短信，告知抢修时间延长原因和送电时间。

（2）智能缴费类短信。

1）费控预警：对刚交费及测算余额不足预警阈值的客户自动触发余额提醒短信和欠费短信。

2）费控停电：对测算余额小于0的费控预警客户自动触发停电短信。客户欠费后，在预计停电7天发送欠费通知，提前7天发送欠费通知，提前30min发送停电通知。

3）费控复电：停电客户交费后，测算余额大于0即触发费控复电短信。

（3）宣传类短信。通过短信群发的方式，向客户推送电力企业新业务、政策福利、优惠措施、收费标准等信息。

1）“网上国网”APP宣传：利用短信宣传“充电日”“推荐有礼”“普查有礼”等活动，鼓励客户下载“网上国网”APP。

2）三月、十一月通过短信将供暖期电价、账单发行差异等政策告知客户。

（4）关怀类短信。

1）节日问候短信：春节、中秋节、国庆节等重点节假日向客户发送节日祝福短信。

2）安全用电提醒短信：在用电高峰等时间向客户发送安全用电短信。

2. 发送规则

（1）根据各平台短信发布规则，如短信有字符限制，应灵活调整短信内容，尽量避免同一短信分成多条发送。

（2）发送时段：通用业务短信8：00—20：00；个性化服务短信建议8：00—11：00，14：00—17：00。

（3）短信发送频率要适宜，不可过于频繁。可按照实际工作需要发送短信，如：停电短信可多次发送，停电告知、停电开始、停电抢修进度、停电结束等情况均可向客户短信告知。

3. 异常处理

（1）错发短信。

1）在客户联系电话发生变更但未及时向供电公司反映、客户报装所留账务联系人电话非实际使用电话、营业厅人员将客户联系电话录错等情况下，客户会收到错发短信。

2）在收到客户反映（95598、微信、营业厅等渠道）错发短信诉求后，网格经理应及时与客户取得联系，分析错发原因，核实正确信息，并在接收诉求当天，通过营销业务系统及时更正。

（2）送达不及时。

1）客户手机设置短信屏蔽、无线信号质量不高等因素，会影响短信发送效果，导致送达率不及时。业务高峰期时，会出现短信延迟现象。

2）在出现送达不及时问题时，可向技术人员提报异常处理需求，若出现业务高峰批量短信延迟时，应及时录入国网客服知识库。

4. 拓展应用

可尝试使用5G消息拓展短信应用。运用其可同时推送文字、图片、音频、视频、位置等信息的特点，开展客户满意度调查、客户需求市场调研等活动，向客户输出个性化服务与咨询，以提高客户黏性。

（三）服务内容

1. 通知服务

向客户发布电力交费通知，提前推送余额不足、停电公告等通知，便于客户提前采取应对措施，减少对生产生活带来的影响。该类信息面对普通客户，客户众多。

2. 查询服务

客户通过短信，发送指定内容到指定号码即可查询电费、电量情况，便于客户快速了解自身用电情况。

3. 欠费催缴

短信催缴与电话催缴相结合，促使电费回收工作更加直观、高效。

4. 信息发布

通过短信群发的方式，向客户推送电力企业新业务、政策福利、优惠措施、收费标准等信息，助力电力企业的营销推广和业务扩展。

5. 客户关怀

在春节、中秋节、国庆节等重要节假日及重大事件节点，通过发送祝福短信，向客户传递电力企业的人文关怀。

四、微信

（一）服务原则

（1）利用微信用户覆盖面广、时效性强等优势，实现问题快速响应、精准解决，多层级、多专业协同联动高效，开展客户关系维护，提升信息触达，尤其是停送电信息的便捷性。

（2）缩短业务流程与服务链条，开展主动服务、精准服务，切实做到日常服务高质高效、紧急情况应急快速反应，持续提升客户用电满意度与获得感。

（二）服务要求

1. 建群原则

（1）因地制宜。结合客户分布，建立网格化服务微信群，兼顾日常客户服务需求和突发应急情况处理。

（2）重点服务。对特殊客户、敏感客户实行差异化服务，设置专属微信群，明确专人对接，每月电费发行日、“网上国网”充电日定期推送信息，及时发布恶劣天气温馨提醒、停电信息，做好重点服务。

（3）分类管理。考虑服务管理层级、诉求管控需求等因素，专业管理部室可建立综合事项协调群、营销部与供电所可建立问题提级管控群、供电所与网格经理可建立服务信息共享群、网格经理与客户可建立实时服务互动群，实现对客户诉求、业务协同的分类管理。

2. 群管理

（1）微信群管理应严格遵守国家相关法律法规要求，不得发布与工作无关的信息，严禁发布涉及政治敏感性、涉及不良信息、涉及国家秘密及企业秘

密、涉及客户隐私的内容。

（2）群管理员应规范管理微信群，及时制止群内发布不良信息的行为，维护微信群的健康运行，保持微信群活跃度。

（3）应用“豫电小哥”微信群中的智能功能提供客户服务。通过微信机器人实现智能客服、客户诉求管理、信息发布管理、舆情监控、数据统计等功能，强化微信群管控质效，提升网格服务能力。

3. 宣传推广

（1）网格经理服务过程中，积极宣传微信群功能及服务特点，主动引导客户加入微信群，并鼓励客户向周边人员推荐；对于留守老年客户，网格经理可邀请其在外务工亲属入群，确保可及时沟通客户用电情况。

（2）在营业厅放置印有网格经理微信二维码的宣传页或服务卡，在客户进入营业厅后主动向客户进行推介。

（3）网格经理应主动加入社区、小区、村委微信服务群，在群内实时推送供电网格服务信息，及时关注客户诉求导向，引导正向舆论。

（4）向客户宣传推介“我要找电工”微信小程序。帮助客户通过微信地图定位获得当前位置电工信息，进一步提高网格服务的精准性和便捷性。

4. 诉求管控

（1）群管理员定期收集整理微信群内客户需求，按照专业予以分类分级。

（2）供电所综合值班岗定期整理收集网格经理上报的各类诉求，提报至供电所负责人员予以解决，对于无法解决的提级上报管理部门。

（3）属地营销部门及时收集供电所层级无法处理的客户诉求，转办至相关业务管理部门，督促业务部门配合解决。

（4）对于业务部门无法解决的问题，营销部可配合提报公司综合研判处理，充分发挥多专业协商整治优势。

5. 质量跟踪

（1）按照诉求问题层级，逐级开展诉求客户走访，了解客户诉求处理情况及对于问题处理的满意度。

(2) 对于暂未完成处理的诉求内容，安排专人跟进处理，及时告知客户处理进度，安抚客户情绪。

(三) 服务内容

1. 日常服务

(1) 及时发布电价标准、优惠补贴等政策性文件，定期开展用电安全及节能知识宣传，积极响应客户用电诉求，增加客户涉电需求黏性。

(2) 逢节假日推送祝福信息，遇恶劣天气发布温馨提醒，确保微信群活跃度。

(3) 积极做好正向舆论引导，结合客户群体特点、负荷特性，适时传播有利于公司正面形象宣传的材料。

2. 停电服务

(1) 信息告知。在微信群涉及台区有停电计划或突发故障停电时，应及时在微信群内公示停电原因、停电涉及范围、故障处理进度、计划送电时间等信息，使客户同步了解相关信息。

(2) 情绪安抚。停电抢修过程中，群管理员应时刻关注客户对本次停电事件的讨论内容，原则上每隔 15～30min 在群内发布现场抢修照片、抢修进度信息等，安抚客户情绪。

第三章　差异化服务策略

一、 停电客户

（一）服务原则

严格执行国家电网有限公司供电服务“十项承诺”到达故障现场时限要求（城区 45 min、农村 90 min、特殊边远地区 2 h），通过上门走访、短信、微信等途径做好客户告知，并对敏感客户重点关注，争取客户的理解和支持。

（二）敏感事项

1. 停电事故时有发生

因台区未改造到位、鸟害、“树线矛盾”、恶劣天气、市政施工外力破坏等多种内外部因素影响，线路、台区频繁停电。

2. 停送电信息发布不及时

因突发性故障、主动检修运维未主动报送等情况，供电服务指挥中心未及时获取停电信息，造成停电信息录入不及时，客户不知故障原因，从而引发投诉或客户不满。

3. 客户内部故障

对于低压客户内部故障，如需更换室内开关、户内线等，可能存在客户不知如何处理故障，要求抢修人员帮助其处理的情况。若抢修人员未向客户解释清楚产权分界点，易产生服务态度类或抢修规范类投诉。

4. 欠费停电交费后送电不及时

因自动复电系统异常、交费信息推送不及时，可能导致复电时间长。

(三) 服务要点

1. 业务准备

(1) 日常梳理频繁停电的线路、台区、小区及辖区停电敏感客户，建立客户台账，遇到台账内客户停电，要第一时间进行解释安抚。

(2) 建立网格服务三类微信群。涉及台区有计划停电或突发故障停电时，及时在客户微信群（自建客户微信群、小区物业群业主群、村委群）内公示本次停电原因、计划送电时间、停电涉及范围、故障发生地点、抢修进度等信息，让客户同步了解停电信息。

2. 服务研判

客户报修时，根据客户地址及停电情况描述、系统查询初步判断停电情况，为精准确定停电类型提供便利。

(1) 直供小区多户停电。及时获取停电信息，研判该小区是否属频繁停电小区，该客户是否属敏感易投诉客户，通过现场走访、微信群实时发布抢修、送电信息（文字、图片、视频等），安抚客户情绪，让客户了解抢修过程，取得客户理解和支持。

(2) 非直供小区多户停电。专用变压器总表供电客户存在不了解产权分界点情况，应现场向客户解释产权维护责任划分，指导协助客户查找故障点，提出处理意见建议，同时通过专用变压器电工或物业，在微信群内说明故障原因和产权分界等情况。

(3) 低压客户单户停电。

1) 通过营销系统或移动作业终端查询客户是否欠费，是否电费已交自动复电不成功。

2) 非客户内部故障，严格遵守抢修承诺到达现场时限。

3) 客户内部故障，应说明产权分界点，建议客户联系物业或有资质的电工处理。

3. 诉求响应

（1）单户故障。

1）欠费停电客户如未交费，告知客户交费渠道及时交费。客户已交费超过30min未自动复电，与客户联系并到现场手动送电。

2）非欠费停电客户，第一时间主动与客户联系，沟通现场故障情况，按照国家电网有限公司供电服务“十项承诺”时限要求到达现场开展故障抢修工作。

3）因堵车等原因不能在承诺时限内到达现场时，应电话联系客户说明情况，取得客户理解，与客户约定到达现场时间并在约定时间内到现场开展故障抢修工作。

4）客户内部故障，超出抢修范围，客户要求处理。可帮助分析可能引起停电的原因，建议客户联系物业或有资质的电工处理；对于确实有困难的（孤寡老人、留守儿童等），可帮助客户查找故障并处理。

5）故障结束后，与客户互留联系方式，互加微信，宣传网格服务电话，主动告知服务范围。

（2）多户故障。配电抢修班组和网格服务班组同时到达现场，抢修班组负责查找处理故障，网格班组负责解释停电情况并安抚客户情绪。

（3）客户告知。客户咨询停电情况时，准确告知客户停电原因、抢修进度、预计送电时间等。如故障处理较难，需要时间较长，应向客户说明，并时刻关注，及时向客户传递现场抢修信息，争取客户理解。

1）故障停电客户告知。故障停电因无法提前告知，客户对停电情况和抢修现场不了解，容易造成焦虑情绪。

（a）配电自动化系统覆盖的设备跳闸停电后，应在15 min内向国家电网有限公司客户服务中心报送。配电自动化系统未覆盖的设备跳闸停电后，应在抢修人员到达现场确认故障点后，15 min内向国家电网有限公司客户服务中心报送。

（b）在供电服务指挥中心发送的停电信息 5 min 内，网格经理要将其转发至客户微信群内，实时发布抢修现场照片，让客户能够及时了解处理进度。

（c）恶劣天气（高温、暴雨等），实时关注并及时发布抢修进度，使客户了解抢修人员的辛苦和工作强度，取得客户的理解和支持。

2）计划停电客户告知。

（a）提前 7 天录入停电信息，通过报纸、河南省电力公司微信公众号、95598 智能互动网站、“网上国网”APP 等渠道向社会公告，对涉及停电范围内的客户发送计划停电短信，告知客户停电开始时间、结束时间、停电原因、停电范围等，特别是生产企业及停电影响较大的客户。

（b）如送电时间变更，需再次提醒告知客户变更原因及变更后的送电时间。

3）临时计划停电客户告知。

（a）提前 24h 录入停电信息并向国家电网有限公司客户服务中心报送，并通过短信告知客户，特别是重要客户及敏感客户。

（b）如送电时间变更需再次提醒告知客户变更原因及变更后送电时间。

4）超电网供电能力停电客户告知。原则上应提前报送停电范围及停送电时间等信息，无法预测的停电情况，应在停电执行后的 15min 内尽快报送停电范围和停电时间，并通过短信通知客户。

5）欠费停电客户告知。提前 7 天发送欠费通知，提前 30min 再次发送停电通知。

（4）故障处理。

1）客户内部故障处理。

（a）需做好客户的解释沟通工作，向客户说明产权分界点和供电公司抢修责任范围。

（b）对需要帮助的客户，可指导协助客户处理。

(c) 语句严谨，不可含有暗示性的词语，产生“三指定”和乱收费嫌疑。

2) 外力破坏故障处理。

(a) 向停电客户解释说明引起停电的原因，发布现场照片和抢修照片，告知抢修进度，减少客户不满情绪。

(b) 与施工部门保持联系，告知施工人员如有施工可提前联系，供电公司为其指认电缆走向或路径，并现场确认施工地点，避免外力破坏供电设施引起停电。

4. 专业协同

(1) 部门联动。停电情况复杂，需要多专业协同的，由故障处理部门申请，供电服务指挥中心联合运检、营销、调控等专业部门共同到现场协同处理。

(2) 服务资源调配。现场抢修急需更换设备而属地库存不足的，及时向其他相关业务部门借调，或向生产管理部门申请调配。

5. 互动宣传

(1) 建立微信群，发送安全用电、节约用电小常识，以及用电政策、故障检查方法、极端恶劣天气温馨提示、节假日祝福等。

(2) 停电时及时发布停电告知、抢修进度、现场照片、送电时间等。

(3) 定期在小区内宣传本地服务渠道，如拨打网格服务电话、使用豫电管家一键报修等，引导下载“网上国网”APP，与客户建立良好沟通关系，提高服务质效。

6. 沟通内容

(1) 计划停电，告知停电开始时间、结束时间、停电原因、公示渠道等。

(2) 故障停电，告知故障情况、抢修进度、预计送电时间等。

(3) 内部故障，告知产权分界点及供电公司抢修范围。

(4) 欠费停电，告知欠费金额，停电时间。

7. 客户标签

标签名称：频繁停电用户。将 2 个月内停电达到 3 次及以上客户标记为

“频繁停电用户”。通过使用该标签，在服务前辅助网格经理进行风险研判，采取针对性服务策略。

8. 服务禁忌

（1）不因客户内部故障粗暴拒绝指导、协助、帮助客户处理故障。

（2）协助处理时不指定厂家、商店等让客户购买用电设备，也不得代替客户购买用电设备。

（3）不能收取客户财物、烟酒，不接受客户吃请。

二、 低电压客户

（一）服务原则

梳理辖区内长期低电压及季节性低电压客户明细，常态开展低电压台区客户“一对一”服务，主动了解、记录客户诉求，及时告知客户工程进度等问题，与客户保持良好的沟通关系，做到“事事不出网格”。

（二）敏感事项

（1）反映多户长期（超过 1 个月）电压低或电压不稳定问题。

（2）2 次及以上向供电公司反映电压异常问题，未得到有效解决。

（3）反映季节性低电压问题，日常电压正常，但用电高峰季节出现低电压情况（持续 1h 电压波动超过 10%，即判定为低电压）。

（4）反映因电压质量异常引发的电器赔偿问题。

（三）服务要点

1. 业务准备

（1）熟知不同电压等级的合格电压范围，熟知低电压各种表现，如：机器不能启动、电动机转速不达标或三相电动机不转、灯具昏暗、电脑自动关机等。熟悉低电压观测测量办法，如：智能电能表电压显示、客户侧仪器仪表显示、万用表实地测量等。

（2）利用日常走访、台区梳理、全渠道工单梳理等方式建好低电压客户台

账，包括：客户基本信息（户名、户号、地址、台区）、低电压台区参数（台区、线路型号，首末段电压等）、低电压改造情况、其他用电诉求、服务评价等，梳理辖区内长期低电压及季节性低电压客户明细，为后续工作顺利开展奠定坚实基础。

2. 服务研判

根据低电压表现形式及系统后台查询情况，判断是季节性低电压、长期低电压或客户侧原因造成的低电压。

3. 诉求响应

（1）客户反映季节性低电压问题：

做好高峰用电前期的普查工作。在每年的迎峰度夏前（6 月份）和迎峰度冬（11 月份）及春节用电高峰期间分别开展低电压普查工作，针对普查的实际情况分析各低电压台区产生的原因，采用有效管理措施或技术措施来制定低电压治理方案，及时解决低电压问题。做好高峰用电前期的宣传与沟通工作，在用电高峰季节来到前，提前进行调查，并主动征求意见，对于受条件制约不能及时整改的台区及时采取临时解决办法，同时做好客户情绪安抚工作。

做好“错峰”用电的宣传。针对季节性低电压情况，特别是集中在某一区域时，属地单位应灵活调配服务资源，调配工作人员进行专项走访及网格化服务，通过在营业网点和社区公开栏张贴宣传页以及在广播电台、电视台、网站、报纸、微信公众号等媒体进行广泛宣传等形式，向广大居民、企业宣传错峰用电的好处，为居民客户、企业介绍有关“错峰用电、节约用电”的方法，引导居民客户、企业客户错开高峰时段，确保缓解供电压力。

（2）客户反映长期低电压问题：对于已纳入储备项目的低电压改造台区，主动告知客户并及时向客户更新改造进度，保证客户知情权。对于已批复的低电压台区改造工程或运维改造项目，多渠道向客户宣传告知工程开工时间。

（3）对客户特定设备运行低电压或客户侧原因造成的低电压，指导客户将大负荷用电设备停运后再查看电压状况是否异常，如异常指导客户加装就地补偿装置；对客户侧设备单相负荷过大造成低电压问题，指导客户开展三相负荷调整。

（4）客户反映因电压质量引发电器赔偿问题时，首先向客户解释电器损坏赔偿由保险公司负责进行勘查、认定及赔付；此外要履行属地客户服务职责，主动协助客户联络保险公司，陪同保险公司相关人员到现场进行勘查，监督保险公司理赔人员现场服务言行，帮助客户督促保险公司尽快完成现场定损及赔付相关工作，留存好现场音视频记录。

4. 专业协同

（1）营销领域与生产领域联动协同，提高信息传递效率，形成低电压问题从发现到解决、对客户信息进行反馈的闭环管控。

（2）生产部门通过系统监测低电压台区，属地单位通过专项走访了解客户低电压诉求，并将问题反馈到生产主管部门。

由国网河南省电力公司生产主管部门制定有效解决措施，属地部门进行专项走访，安抚客户情绪。最终由属地公司、网格经理将改造进度及时推送给客户。

（3）对于客户低电压问题，如遇复杂问题难以处理，可向“豫电知乎”专家坐席请求援助。

5. 互动宣传

（1）开展季节性低电压增值服务。在易发生低电压季节前期，主动到客户家中或产业集中区域宣传用电安全知识及节能用电小技巧，宣传错峰用电，宣传节能减排，宣传客户侧负荷三相平衡调节措施。主动为重点企业及农户开展上门服务，为客户检查设备及线路情况，帮助客户排查潜在的安全隐患，保障客户生产生活。

（2）对于已批复的低电压台区改造工程或运维改造项目，通过微信群、微信公众号、短信等方式，向客户宣传告知工程开工时间、工程进度情况。

6. 沟通原则

在实际处理中，要站在客户的角度去思考问题，理解客户，不要轻易打断

客户的叙述。要告诉客户供电公司关于处理低电压问题的积极措施，安抚客户情绪。对于暂时无法处理的，主动告知客户目前关于低电压的解决难度，争取客户理解。

7. 服务禁忌

（1）对于客户反映的问题，不得存在相互推诿、搪塞和怠慢的现象，导致客户诉求无法快速响应。

（2）对没有明确改造时间的台区，要主动安抚客户情绪，不得擅自承诺客户改造日期。

三、 农田灌溉客户

（一）服务原则

农田灌溉问题一般发生在每年的春夏交接及夏秋交接时节，与每年高温时期相重叠，在此期间用电负荷较大，同时因农排机井非灌溉期长时间停用导致的设备问题频发。要提前做好防控预案，加大宣传力度，并合理安排人员以应对特殊情况的发生。

（二）敏感事项

1. 农排卡交费时间冲突

客户交费时间一般为 7：00 前或 18：00 后，而营业厅工作时间为 9：00—17：00，两者时间冲突，易导致客户不满。

2. 农排卡充值交费方式单一

现有的农排卡交费模式，只能够使用现金交费，很多客户来到营业厅通过询问后发现没有准备现金，只得再次返回兑换，导致客户对营业厅服务不满。

3. 专用变压器客户设备维护困难

客户设备年久失修，低压电缆断线极多，一旦产生设备故障导致无法浇地，客户极易将责任归咎于供电公司，产生服务风险。

4. 补卡业务办理时间长

因客户保管不到位，导致充值卡消磁或丢失，需办理补卡业务，将补卡余额数据返还至新卡当中，由于受到需要现场核对和数据传输等因素影响，不能立即完成办理，易引起客户不满。

（三）服务要点

1. 业务准备

（1）掌握农田灌溉客户移交情况，针对已移交和未移交两类客户分别进行对应引导和宣传，提前规避可能产生的服务风险。

（2）熟知农排卡充值和设备故障报修业务流程，在灌溉期到来前，提前在营业厅张贴农排卡充值规则说明及相关业务流程介绍，提醒客户提前准备好相关资料及现金。

2. 服务研判

应根据每年天气情况，结合当地农业部门，对本年度农田灌溉工作进行提前研判。

（1）周期研判：根据每年各地区天气情况，提前研判本年度的农田灌溉开始时间、结束时间，确定灌溉周期。

（2）承载力研判：结合当地农业部门统计管辖区域内共需灌溉面积，提前研判本年度参与农田灌溉的机井数量、工作时间等情况。提前对供电所营业厅业务量进行预估，合理安排人员开展工作。

3. 专业协同

（1）电费专业要提前进行农排机井卡交费流程模拟，确保交费系统能够正常运行。

（2）计量专业要提前对农排机井表计进行排查，对有问题的表计进行校表更换，确保表计计量正常。

（3）服务过程中如遇复杂问题难以处理，可向“豫电知乎”专家坐席请求协助。

4. 诉求响应

农田灌溉客户诉求主要集中在对农排卡充卡流程不认可及低压电缆、机井故障造成无法灌溉的两种情况。

（1）对农排卡充值时间及流程不认可的诉求：供电所要提前进村宣传营业厅营业时间、充卡必须使用现金等情况，引导客户提前兑换好现金，合理安排充卡时间。同时增设服务窗口，增加服务人员，并根据本年度灌溉时间长度安排专人专班值班，负责引导客户排队等待，安抚客户情绪，保证不发生服务事件。

（2）低压电缆、机井故障造成无法灌溉：要对所辖区域内所有低压电缆、机井进行排查，对公用变压器机井进行维护，更换老旧设备；同时对专用变压器机井下达隐患通知书，并将隐患通知书通知到位，张贴至专用变压器机井处。

5. 常态宣传

在灌溉时期开始时，提前对农排卡充值规则进行逐村宣传，让客户提前准备好相关资料及现金，避免客户来回跑趟，同时宣传错峰充值，减少客户排队时间。

6. 客户标签

标签名称：机井使用客户。根据 95598 工单、扫码浇地、浇地卡档案信息统计机井使用客户，将标签关联至客户户号，批量标记客户标签。通过使用该标签，在服务前了解客户状况，辅助风险研判，并针对性制定服务策略。

标签名称：农业排灌用户。将执行农排电价的客户标记为“农业排灌用户”。通过使用该标签，了解辖内机井情况，方便进行排查。

7. 沟通原则

向客户介绍缴费系统要求、充值方式、营业厅营业时间，以及专用变压器机井产权归属，明确职责划分，争取客户理解。

8. 服务禁忌

客户对故障机井进行报修时，禁止网格经理直接回复“此供电设备非供电公司资产”而拒绝服务。

四、 户用分布式光伏客户

（一）服务原则

近年来户用分布式光伏客户的需求显著提升，但部分客户对光伏补贴、安装形式、报装要求等了解不足。服务人员要熟知各项国家政策要求，能够根据不同情况对客户进行解释，在贯彻执行相关政策的同时，取得客户理解。

（二）敏感事项

1. 补贴发放不到位/不及时

户用光伏补贴发放可能存在客户补贴无法按时到账、贷款客户光伏补贴直接偿还贷款而未提前告知客户等情况，导致客户对补贴发放的时间、金额存在异议。

2. 补贴发放金额有误

客户实际到账金额和“网上国网”APP显示应发金额不符导致客户有异议。

3. 台区变压器容量无法满足接入需求

台区变压器容量无法满足客户接入需求，客户要求更换大容量变压器或变更接入点。

（三）服务要点

1. 业务准备

（1）熟知户用分布式光伏业务办理要求及报装流程。客户报装户用分布式光伏需提供主体证明和产权证明。主体证明方面，主体为自然人的需提供居民身份证、户口本、军官证或士兵证等任选其一的原件及复印件，主体为非自然人的需提供营业执照、组织机构代码证、宗教活动场所登记证等任选其一的复印件。产权证明方面，客户需提供产权证、国有土地使用证、购房合同等任选其一的复印件。

（2）在日常工作中收集、整理台区内分布式光伏报装情况，形成台区光伏报装档案，为后续工作开展提供参考。

2. 服务研判

接到客户关于分布式光伏报装业务咨询时首先进行诉求登记，向客户一次性告知业务办理规定及流程，判断其是否符合报装要求并及时告知客户，以便客户后续报装申请一次完成，避免重复跑趟。

3. 诉求响应

对于户用分布式光伏客户，客户诉求主要存在于光伏设备并网环节和光伏补贴发放环节。

（1）对于台区变压器容量已满，无法在本台区接入户用光伏的情况，网格经理要告知客户本台区变压器容量及负荷情况，必要时可以从系统打印数据作为佐证，并及时上报管理部门，对重过载变压器进行调换。

（2）受理光伏新装时，要向客户询问确认是否办理了“电 e 贷”业务，如果办理了“电 e 贷”，要提醒客户后期会存在因光伏补贴直接偿还贷款而导致补贴无法全额到账的情况；同时建立客户台账，提前一个月向客户告知光伏补贴将直接偿还贷款的情况。

（3）对于因电费购售同期导致光伏补贴分次发放，客户收到的光伏补贴和“网上国网”APP 显示金额不一致的情况，网格经理要负责对客户进行政策宣传，介绍国家电网有限公司推行的购售同期电费收缴政策，同时按照政策对光伏补贴进行计算，保证最终计算金额和“网上国网”APP 显示一致，并通过解释取得客户满意。

4. 专业协同

（1）电费专业要针对电费购售同期的特殊情况组织政策宣讲，印制宣传页并摆放至营业厅显著位置；同时对网格经理开展电费购售同期业务培训，保证每个网格经理能够根据政策计算出当月正确的补贴数额，保证网格经理能够快速、清晰、正确、通俗易懂地向客户进行政策解释。

（2）业扩专业人员应组织在每个营业厅显著位置摆放业扩办理一次性告知

书，要求网格经理在入户办理业扩业务时必须携带业扩办理一次性告知书，向客户详细解释相关流程注意事项，并请客户在一次性告知书上签字，同时在客户处留存一份一次性告知书以备随时查看。

(3) 服务过程中，如遇复杂问题难以处理，可向豫电知乎专家坐席请求协助。

5. 互动宣传

主动向客户宣传不同时期的电费政策、光伏补贴电费电价计算办法，按照光伏业务办理一次性告知书，向客户介绍所需办理材料、办理流程、办理时限等。

积极引导客户通过线上方式进行光伏报装，通过“网上国网”APP上传主体证明和产权证明，使办电方式更加灵活便捷。

6. 客户标签

标签名称：贷款光伏客户。对于使用贷款进行光伏设备安装的客户，在光伏新装流程走完时对客户打标签，帮助网格经理梳理光伏补贴直接偿还贷款的情况。

标签名称：分布式光伏用户。了解所辖区域内光伏客户情况，在补贴发放可能存在不及时、不到位时，提前进行客户告知，加强服务前风险研判。

7. 沟通原则

依据电价政策文件和业扩办理一次性告知书向客户进行解释沟通，对于台区变压器容量的解释要有系统内数据进行支撑。

8. 服务禁忌

(1) 禁止在客户询问光伏补贴问题时存在相互推诿、搪塞和怠慢的现象。

(2) 禁止在变压器容量不满足接入条件时拒绝客户报装，且不采取相应措施。

五、 被转供电客户

(一) 服务原则

供电企业应积极开展政策宣传，畅通客户问题反映渠道。针对客户反映的加价问题及时反馈上级部门，做好信息传递工作。信息汇总后将拒不执行国家电价政策的转供电主体报告至市场监管部门，保障被转供电客户的权益。

（二）敏感事项

（1）商业综合体、产业园区、物业小区以及大型企业等自供区域存在转供电加价。

（2）转供电范围内供电质量较低。

（3）因转供电主体欠费停电，导致终端客户停电。

（4）原转供电主体弃管后，因其自身原因无法办理移交。

（三）服务要点

1. 业务准备

熟知清理规范转供电加价文件政策内容，多渠道宣传清理转供电加价的政策精神，明确了解供电公司服务范围。

2. 服务研判

根据客户描述（例如电费缴纳情况）和未接收转供电客户信息明细（95598 知识库），判断客户是否属于是否为被转供电客户。如果客户是被转供电客户，建议客户向其电费收取方/用电管理方/合同签订方（如物业/开发商）反映。客户诉求不属于供电公司职业范围时，引导客户向监管部门或用电管理方反映。

3. 诉求响应

（1）转供电环节加价问题。

1）记录客户举报信息。受理转供电环节加价举报信息时，填写价格举报接听接访记录表，并将相关信息同时传递至公司营销部。同时引导客户拨打 12398 投诉举报热线向监管部门进行问题反馈。

2）汇总整理并报告政府主管部门。公司营销部根据价格举报接听接访记录表签收情况，汇总信息，建立举报信息台账。同时以公函形式将相关信息书面报送至价格管理（监督）部门。

3）整改进度跟踪。公司营销部积极配合价格管理（监督）部门进行处理，并于处理完成5个工作日内回复举报人（保留电话录音备查）。

（2）转供电范围内供电质量问题。

1）被转供电客户反映转供电范围内供电质量及停电问题时，告知客户产权分界点及供电公司服务范围，引导客户向直接供电（产权）方反映。

2）如客户表示不清楚直接供电（产权）方，可建议客户向电费收取方/用电管理方/合同签订方（如物业/开发商）反映。

（3）转供主体资产移交问题。

1）对于现有资产有意向移交并具备移交条件的转供主体，要尽快实现直接供电。在实现直接供电过程中，不能增加客户负担，按照目录销售电价执行。

2）对于不具备直接供电条件或不愿意移交的转供主体，要尊重客户意愿，主动告知转供电主体以及终端客户，将相关电价政策全部落实到终端客户。

4. 专业协同

（1）营销专业人员负责对转供电加价客户信息进行汇总，建立举报信息台账。同时以公函形式将相关信息书面报送至价格管理（监督）部门。同时对积极配合价格管理（监督）部门进行处理，对被转供电客户反映加价问题整改进度进行跟踪。

（2）对于转供电问题，如遇复杂问题难以处理，可向豫电知乎专家坐席请求协助。

5. 互动宣传

（1）多渠道宣传河南省清理转供电加价的政策精神。通过在转供电区域（如自供区域、商业综合体、产业园区、物业小区等）张贴《关于开展清理规范电网和转供电环节收费工作的通知》等文件的方式，并利用市县电视台、报纸、广播电台、微博客户端、短信等媒介将电价政策及清理规范电网和转供电环节收费政策进行告知。

（2）对供电公司所有服务窗口的公示牌、服务公示栏、宣传手册、宣传彩页等宣传资料进行全面梳理。建立电价政策宣传内容常态化更新机制，确保电价政策及时更新。

（3）积极向转供主体提供各项服务，包括综合能源服务、电能替代打包交易服务。利用峰谷分时电价等方式合理降低用能成本。

（4）引导“网上国网”APP转供电费码应用。被转供电客户可以使用“网上国网”APP直接填报个人缴纳电费信息，申领转供电费码，由相关部门统一收集并进行调查核实，对未落实优惠电价的转供电主体依法进行查处。

“转供电费码”绿码即转供电环节已享受电费减免政策；黄码即转供电环节疑似未享受电费减免政策；红码即转供电环节确定未享受电费减免政策。对于转供电环节疑似未享受电费减免政策的黄码客户与转供电环节确定未享受到电费减免政策的红码客户，可自行与当地市场监督部门（12345/政府热线）进行联系，由当地市场监督部门依规处理，同时供电公司也应收集相关数据反馈给市场监管部门，由市场监管部门依规处理。

6. 沟通原则

在客户对相关清理转供电问题咨询时，严格按照文件精神耐心解释，遇到客户提出不合理要求时，应向客户委婉说明，不得与客户发生争吵。

客户反映转供方未按照物价部门制定的电价标准收取电费等相关非供电公司问题时，客服专员应依据话术耐心解释，明确告知供电公司服务范围，同时建议客户向价格主管部门反映。

7. 服务禁忌

（1）禁止未解释清楚转供电问题便将客户直接推诿至政府平台，造成客户不满意引发投诉甚至舆情。

（2）禁止在客户咨询电价政策时出现“一问三不知”情况。

六、租赁客户

（一）服务原则

因租赁客户流动性、租房退房时间不确定性因素较大，建立联系较为困难。网格经理在日常工作中对租赁客户要做好信息管理与交流，利用与房东沟通、网格化物业走访、社区了解等方式多渠道了解辖区内租赁客户信息，建立租赁客户台账，加强日常沟通，掌握租赁客户动态，预防服务风险。

（二）敏感事项

1. 电费催收困难

租赁客户变更频繁，部分房东身处异地，房屋无人管理问题突出，存在电费回收风险。

2. 用电信息联系人错误

部分房东要求系统绑定租赁客户电话，方便租赁客户接收用电信息，但因租赁客户不是固定住户，更换租赁客户时联系电话未能及时更新，出现错发短信的情况。

3. 用电信息传递不及时

客户档案基本信息的账务联系人通常是房东，但部分房东由于长期在外地或房屋租售不是本人管理，会造成房东忽略短信情况，或认为短信发送错误，在发送用电信息时无法及时传递给租赁客户。

（三）服务要求

1. 业务准备

（1）建立台账。建立辖区内租赁客户台账，实时更新租赁客户与户主对应信息，做好敏感用户（经常欠费、偶尔欠费、经常拨打 95598 电话）标注，按照双线沟通（房东、租房户）的原则解决租赁客户用电诉求。

（2）建立联系。网格经理通过房东、上门走访等多种方式获取租赁客户信息后，采取面对面或电话方式与租赁客户沟通；向租赁客户介绍工作职责和服

务内容，电费缴纳时间等注意事项，让租赁客户有任何用电问题都可以直接联系。双方互留电话和微信，邀请租赁客户加入微信群。

2. 服务研判

判断租赁客户性质，采取不同的服务方式。

（1）一般租赁客户营销系统内通常预留户主联系方式，要加强与户主的联系互动，及时掌握租房退房信息。

（2）对于廉租房，定期到廉租房管理单位了解租赁客户信息，及时变更系统内联系人电话。

（3）全面掌握辖区内经常变换租赁客户的房源，日常重点关注，定期上门宣传走访，及时互留电话和微信，做好日常客户服务。

3. 诉求响应

（1）客户告知。

1）第一次上门服务新租赁客户时，应进行自我介绍，告知租赁客户本人负责的业务事项，电费缴纳渠道，引导下载“网上国网”APP。

2）告知租赁客户如不续租，请及时联系，并在一个月内通过上门方式了解新租赁客户信息，与新租赁客户互留电话或微信，及时变更系统内联系电话。

3）每月月初电费核算发行后，特别针对租赁客户及时通过电话、微信、张贴电费通知单（客户大门旁醒目位置）等方式告知电费信息及电费缴纳时间。

4）每月对20日未及时缴纳电费的租赁客户再次进行催缴，确保电费按时回收。

（2）诉求处理。

1）对待租赁客户提出的用电问题，不能搪塞、推诿，应及时响应客户诉求，安抚客户情绪，快速解决客户问题。

2）针对租赁客户无法收到停电信息问题，建议房东将账务联系人更改为实际用电客户，租赁客户主动要求变更账务联系人时，应征得房东同意。反映电话变更时需核实清楚客户信息，及时变更系统内账务联系人电话，根据需求确定是否绑定短信服务。

3）租赁客户询问电费缴纳渠道时，引导下载“网上国网”APP，介绍支付宝、微信、营业厅等缴费渠道。

4）租赁客户反映停电情况，经查明为欠费导致时，告知客户欠费情况，并可通过下载“网上国网”APP，使用支付宝、微信，或到就近营业厅等渠道进行交费，交费后30min内可自动送电。如果30min后仍未送电，及时与之联系，并上门送电。

5）租赁客户反映非欠费停电情况时，引导租赁客户判断是否内部故障，非客户内部故障及时到达现场进行抢修；内部故障向租赁客户说明解释产权分界点，并建议客户联系物业或有资质的电工处理。

4. 专业协同

（1）对租赁客户用电需求，如遇复杂问题难以处理，可向豫电知乎专家坐席请求协助。如超出自己工作职责需要多人配合，可向班组长申请协助，由其协调处理。敏感问题可提级至部门分管领导由部门协调解决。

（2）超出以上范围的，或客户问题为不合理诉求的，将相关情况上报至部门分管领导，由分管领导协调进行应急处置。

5. 互动宣传

（1）引导租赁客户下载“网上国网”APP，介绍“网上国网”APP、微信、支付宝等线上交费渠道。

（2）宣传网格服务电话，告知用电注意事项，提醒租赁客户及时缴纳电费和安全用电。

（3）提醒租赁客户搬家时及时联系，告知搬家时间，便于统计修改租房客户台账。

6. 沟通原则

主动向租赁客户介绍工作职责和服务内容、电费缴纳时间等事项，留下电话和微信，让租赁客户有任何用电问题都可以直接联系并帮其及时处理。

7. 客户标签

标签名称：租赁客户。利用与房东沟通、网格化物业走访、社区了解等方式了解辖区内租赁客户信息，手动维护标签。要做到每月更新数据，保证标签系统数据准确。通过使用该标签，在客户服务前辅助网格经理风险研判，针对性制定服务策略。

标签名称：逾期情况。根据客户近半年内（滚动）逾期次数判断，近半年内逾期 0 次为无逾期；近半年内逾期次数大于等于 1 次且小于等于 2 次的为偶尔逾期；近半年内逾期次数大于等于 3 次的为经常逾期。对于经常逾期客户，要提高关注度，必要时采取上门服务。

8. 服务禁忌

（1）不得推诿搪塞怠慢租赁客户。

（2）不得未通知到位给客户停电。

七、 充电桩报装客户

（一）服务原则

有充电桩报装需求的客户咨询相关事宜时，工作人员按照首问负责制原则，向客户一次性告知业务办理规定及流程，按照“零证预约、容缺办理、两证办结”原则协助客户办理报装申请。

（二）敏感事项

1. 居民申请充电桩因材料不全无法安装

（1）客户无法提供国家电网有限公司统一要求的物业同意安装证明。

（2）客户购买汽车为非新能源汽车，无法提供车位产权所有人新能源汽车购车证明（复印件）。

2. 居民因小区电力设施产权不属供电公司不具备安装条件

（1）新建小区大部分已按照相关要求在建设规划时设置统一充电桩安装区

域，因电力设施产权问题可能导致客户无法在个人车位上申请报装。

（2）非直供小区客户属专用变压器供电区域，不属于供电公司发展和受理报装范围。

3. 客户所在小区因自身现场情况不具备安装条件

（1）客户无法协调路径、表位安装位置等。

（2）客户车位位于地下车库二层或其他不符合安装条件的情况。

（三）服务要点

1. 业务准备

（1）熟知各渠道充电桩业务办理要求及报装流程。居民个人报装低压充换电设施需提供车位使用证明（复印件）、车位产权所有人身份证明（原件及复印件）、物业同意安装证明（原件）、车位产权所有人新能源汽车购车证明（复印件）。

（2）在日常工作中收集、整理小区充电桩报装情况，形成小区充电桩报装档案，为后续工作开展提供服务依据。

2. 诉求研判

接到客户诉求首先录入系统，记录客户报装信息，再根据客户信息判断客户是否符合报装要求，做好答复客户准备。

3. 诉求响应

（1）客户告知。接到客户诉求首先录入系统，向客户一次性告知业务办理规定及流程，充电桩报装材料是否齐全，以便客户后续报装申请，避免重复跑趟。

（2）问题处理：

1）针对充电桩报装资料不全的情况，应做好客户告知工作，引导客户准备相应资料后进行报装。

2）针对非直供区域客户报装，应向客户讲明产权分界点，引导客户寻找资产管理方进行充电桩报装。

3）针对小区因自身现场情况不具备安装条件，应向客户解释无法报装的原因，争取客户理解。

（3）闭环管控。无法办理充电桩报装时，应在工作单上详细写明无法报装的原因，上传相关佐证。客户对办理流程或业务规定提出异议时，运用话术及专业知识再次向客户解释。客户仍不认可的，逐级上报管理部门，同时做好重要服务事项报备，及时化解服务及投诉风险。

4. 专业协同

工作人员接到此类业务咨询时，应与营业窗口、现场勘查、客户服务人员加强内部沟通，提高敏感性。对于可能出现服务隐患的事件，及时上报管理人员，协调对口专业积极对接。如遇复杂问题难以处理，可向豫电知乎专家坐席请求协助。

5. 互动宣传

（1）定期开展小区宣传工作，印制并张贴充电桩申请业务流程及报装规定的宣传页。

（2）在微信群内加强充电桩业务办理规定及流程宣传。

（3）推广“网上国网”APP，引导用户使用“网上国网”自主发起充电桩报装申请。

6. 沟通原则

网格经理遇客户咨询充电桩业务时，应主动与客户核对客户所在小区、现场情况等信息，一次性告知需准备资料，根据核实信息经现场勘查后，按照礼貌恰当、通俗易懂、准确完整的原则答复客户。

7. 客户标签

标签名称：充电桩用户。已报装成功，正常使用充电设备的客户可标记为“充电桩用户”，以便后续提供充电桩电费查询、信息维护等服务。此标签统计方式为自动统计，按月更新。

8. 服务禁忌

（1）禁止在满足“一证受理”的情况下拒绝客户报装申请。

（2）禁止在受理报装前勘查客户现场。

（3）禁止在受理充电桩咨询客户时，出现未一次性告知、推诿等情况。

八、第三方代扣异常客户

（一）服务原则

各级服务人员接到此类诉求后，应严格按照首问负责制，换位思考，充分理解客户急迫心情，安抚客户情绪，协助客户核实费用到账情况，分析可能造成问题出现的原因，在保证正常用电的情况下为客户提出解决方案。

（二）敏感事项

（1）支付宝、微信、“网上国网”、云闪付等第三方平台交费未实时到账。

（2）客户与第三方签订的代扣协议约定的代扣金额在代扣周期内无法冲抵欠费金额。

（3）客户与代扣机构签订代扣金额较低，客户感知频繁扣费。

（4）客户同时与支付宝、微信等多方签订自动代缴电费协议，造成重复扣费。

（三）服务要点

1. 业务准备

（1）熟知供电辖区内可实现第三方代扣业务的渠道、方式及服务电话。

（2）掌握第三方系统内交费流程、自动交费设置及取消方式。

（3）掌握错交费退费流程。

2. 服务研判

熟知第三方代扣业务办理要求及流程，接到客户咨询时能初步判断造成其扣款异常的原因，在公司解决范围内的，积极为客户解决；非公司解决范围内的，耐心向客户解释，协助客户共同联系第三方平台，努力解决客户问题。

3. 诉求响应

（1）客户告知。接受客户咨询后，详细核实具体情况，与客户共同分析原因，耐心、细致、完整地告知客户相关内容，为客户提供解决方案。

（2）问题处理。

1）对非公司责任的，引导客户联系第三方代扣机构，核实处理；针对频发触发扣费的，引导客户设置合理的代扣金额。

2）对疑似公司责任的，协调相关专业人员联系项目组核实处理，不能第一时间解决客户问题的，网格经理做好跟踪处理。

3）因多渠道绑定自动扣费导致重复扣费的，帮客户查找问题后，向客户解释发生原因、解决方法，并建议客户留作预存电费处理，客户要求退费的，引导客户按照规定流程办理退费。

（3）闭环管理。分析问题产生的原因，客户对解决方案提出异议时，运用应对话术及专业知识再次向客户解释，客户仍不认可的，逐级上报，防范服务风险。

4. 专业协同

相关专业与项目组技术人员应加强内部沟通，同时网格经理负责协助客户联系第三方代扣机构核实扣费异常原因。提高敏感性，对于可能出现服务隐患的事件，及时上报分管领导，协调对口专业，积极对接。如遇复杂问题难以处理的情况，可向豫电知乎专家坐席请求协助。

5. 互动宣传

（1）定期开展小区宣传走访工作，发放第三方代扣业务宣传页，详细讲解第三方电费代扣注意事项，向客户提供更多交费渠道选择。

（2）微信群内加强交费方式及渠道等宣传，适时推广“网上国网”APP，增强客户主动交费、主动预存意识，使客户更加安心、舒心用电。

（3）通过微信群、朋友圈、短信等渠道宣传网络诈骗案例，引导客户使用正规渠道交费。

6. 沟通原则

网格经理遇客户反映第三方代扣业务时，网格经理应主动与客户核对交费户号、时间、渠道、金额等信息，并在营销系统中进行查询核实，并根据核实信息作出相应判断，按照礼貌恰当、通俗易懂、准确完整的原则答复客户。

7. 客户标签

标签名称：代扣用户。将通过第三方平台代扣的客户可标记为“代扣客户”。通过使用该标签，辅助风险研判，针对性制定服务策略。

8. 服务禁忌

（1）严禁出现未履行首问负责制情况。未确认当前问题责任归属前不可敷衍推诿，不可直接将客户引导至第三方平台。

（2）严禁出现受理客户咨询时“一问三不知”情况。

九、 生命线工程客户

（一）服务原则

结合实际每年对生命线工程客户进行规范认定，并参照临时重要用户方式，按照“四到位”工作原则开展周期性或专项用电安全服务，及时下发隐患整改通知书，函告政府主管部门并督促客户整改。确保发生突发灾害时生命线工程供电可靠持续，重要市政设施不因停电产生二次伤害。

（二）敏感事项

（1）配电室防汛措施不到位。生命线工程客户的配电室位置不合理、防汛物资配置不足，有进水倒灌风险。

（2）备用电源配备不足。生命线工程客户单电源供电，无备用电源或备用电源容量不足。

（3）自备应急电源不能正常使用。生命线工程客户未配备自备应急电源或自备应急电源因故障、损坏不能正常使用。

（三）服务要点

1. 业务准备

按照国网河南省电力公司要求规范开展用电安全服务工作。要重点检查生

命线工程客户配电室、备用电源、自备应急电源是否符合相关规定，反事故措施、防汛抗灾措施是否落实到位；要督导客户及时更新内部电气接线图，合理编制应急预案并定期演练，加强日常隐患排查、治理，定期对自备应急电源进行安全检查预防性试验、启机试验和切换装置的切换试验。

2. 服务研判

根据政府发布的预警信息，结合生命线工程客户位置、负荷情况，研判应急响应级别与相应措施，提前做好物资、人员的准备工作。

3. 诉求响应

（1）网格经理及时将恶劣天气预警、电网风险预警通知至各生命线工程客户，督导其做好应急保电、防汛抗灾等准备工作。

（2）接收应急响应通知后，按对应级别逐项开展落实响应措施，提前做好运行方式优化调整、供电抢修人员安排、物资预备等工作；同时督导客户做好应急预案启动准备，落实防汛抗灾相关措施，优先保障保安负荷供电，必要时为客户提供保电援助。

（3）当政府下发特殊或防疫保电任务时，要派送保电车及保电人员到达现场留守，保证现场电力供应。

4. 专业协同

（1）营销部牵头落实国网河南省电力公司相关工作要求，督促各属地单位落实网格服务，及时对生命线工程客户开展用电安全“四到位”服务，针对客户安全隐患及时下达用电检查隐患通知书，按照工作要求函告政府主管部门并督促客户及时进行整改。服务过程中，如遇复杂问题难以处理，可向豫电知乎专家坐席请求协助。

（2）配电网部定期对生命线工程客户的送电线路进行巡检消缺，同时不断推动电网升级改造，提高线路运行稳定性；发生故障后做好抢修及保电相关工作。

（3）调度部门提前做好生命线工程客户运行控制措施及事故预案，结合负荷情况及时优化调整运行方式，优先保障其供电可靠性。

5. 互动宣传

（1）在用电安全服务过程中，要主动向客户告知相关政策、标准、规定等，宣传安全用电常识，签发提醒函、告知函等。

（2）建立微信群，发送安全用电小常识、用电政策、故障检查方法、恶劣天气预警、电网风险预警、节假日祝福等。

6. 沟通原则

（1）计划停电，提前发送电网风险预警通知单，告知停电开始时间、结束时间、停电原因、保电措施等。

（2）故障停电，指导客户启用备用电源或自备应急电源，告知现场故障情况、抢修进度、预计送电时间等，必要时优先支援“先复电后抢修”。

（3）内部故障，督导客户启用备用电源或自备应急电源恢复供电，并开展排查与故障处理，必要时进行现场指导。

7. 客户标签

标签名称：生命线工程客户。其为医疗、通信、水、电、气、燃、交通等维持城市生存功能系统和对国计民生有重大影响的客户。通过使用该标签，在服务前辅助网格经理进行风险研判，针对性制定服务策略。

8. 服务禁忌

（1）对于客户反映的问题，不得出现相互推诿、搪塞和怠慢的情况，要对客户诉求及时快速响应。

（2）不得无故操作客户设备，操作客户设备需履行“双许可”工作要求。

十、 生命维持客户

（一）服务原则

以保障用户生命安全为原则，详细了解辖内生命维持客户情况，出现停电状况第一时间对客户进行告知并及时抢修，在停电过程中给予困难客户提供必要帮助，确保供电中断对客户生命不产生重大影响。

（二）敏感事项

（1）停电影响客户家中呼吸机、吸氧机等设备使用。

（2）停电影响客户家中急救药物储存。

（3）停电影响防疫站核酸检测样本、疫苗等储存。

（三）服务要点

1. 业务准备

建立生命维持客户台账，包含户名、户号、网格经理、供电电源信息、具体用电地址、应急联系人电话、生命维持设备情况、是否自备电源等信息，标记网格经理是否添加客户微信，并通过走访、全渠道工单等方式滚动更新生命维持客户台账。

2. 服务研判

根据生命维持客户的可忍受停电时长、自备电源获取便利度、人员（物品）转移便利度，判断服务风险高低，其中高风险客户可维持时间在0.5h以内，中风险客户可维持时间在0.5h及以上，并研判停电时间是否超过客户可接受时长。

3. 诉求响应

（1）客户告知。

1）计划停电。采取短信、微信和电话（佐证留存）等形式于停电前7天、停电前1天及停电前30min三次通知生命维持客户，并告知客户停电原因和预计恢复供电时间，提醒客户结合自身情况采取措施，避免停电造成重大影响。

2）故障停电。

（a）未明确故障原因时，统一向停电涉及的生命维持客户发送停电通知短信。

（b）确定故障原因后，根据停电信息，统一向停电涉及的生命维持客户发送短信并逐户电话通知，告知客户停电原因和预计恢复供电时间，提醒客户结合自身情况采取措施，避免停电造成的重大影响。

（2）诉求处理。

1）对于在恢复供电前客户不存在生命风险或可自行处理的客户，网格经理应对停电情况继续保持关注，如有停电信息变动做到及时告知。

2）对于具备临时转移条件的客户，要做好停电的安抚解释工作，必要时网格经理到场帮助客户进行人员、物品的转移工作。

3）对于不具备临时转移条件的且无自备电源的客户，网格经理做好一次性告知与解释工作，同时主动协助客户寻找自备电源，保障客户人身安全。

4）对于涉及高风险生命维持客户的停电及客户要求超出合理诉求范围的情况，应对该问题提级管控，第一时间将相关情况上报至部门分管领导，由分管领导协调进行应急处置。

（3）闭环跟踪。待计划、故障停电结束，网格经理逐户电话告知、核实客户处是否恢复正常用电，服务结束。

4. 专业协同

（1）用电检查专业人员应加强高、低压用户的用电检查，对于有生命维持需求的客户，要下达用电检查通知书，提醒客户常备备用电源，缩减无自备电源的生命维持客户数量。

（2）业扩专业人员应严把业扩报装关，重要客户必须设置双电源，减轻后期服务压力。

（3）不断推进配电网升级改造，加强线路巡视与防外破治理，深入开展一停多用，最大程度减少停电；故障抢修时及时反馈现场抢修进度，支撑网格经理做解释告知工作。

（4）在对生命维持客户的服务过程中，如遇复杂问题难以处理，可向豫电知乎专家坐席请求协助。

5. 互动宣传

通过小区微信群、物业以及社区等渠道宣传生命维持客户用电小贴士，滚动完善客户台账，向生命维持客户送上服务卡（包含网格经理电话、微信、网格化电话、应急电源查询渠道），同时引导生命维持客户家庭配备应急电源。

6. 沟通原则

严格落实一次性告知，根据已知情况对计划停电、故障停电等场景采用统一话术进行回答。

7. 客户标签

标签名称：生命维护客户。每月需对辖内生命维护客户变动情况统计上报，保证标签系统数据准确。通过使用该标签，对客户群体进行日常管理，在有停电风险时辅助风险研判，针对性制定服务策略。

8. 服务禁忌

（1）不可拒绝客户提出的协助寻找备用电源的请求。

（2）不可在未确定送电时间的情况向客户承诺送电时间。

（3）不能向客户推荐、指定备用电源租赁机构。

附录A　电话服务话术

电话服务话术参考表见表 A.1。

表 A.1　电话服务话术参考表

序号	类别	场景	要点	话术
1	基本礼仪	问候客户	应在电话接通后 2s 内首先致问候语	日常问候服务用语："您好，请问有什么可以帮到您?"或"您好，很高兴为您服务!"；鼓励随时间变换相应的问候语，如将"您好"替换成"上午好""下午好""晚上好"
				节日问候："新年/新春/元宵节/五一节/端午节/国庆节/中秋节（节日）快乐，请问有什么可以帮到您?"或"新年/新春/元宵节/五一节/端午节/国庆节/中秋节（节日）快乐，非常高兴为您服务!"
2		客户称谓	在通话过程中，应注意礼貌称呼客户	应以"××先生""××女士"或"您"称呼客户，若对方为儿童，可称呼"小朋友"或"你"
3		结束语	通话结束前，应询问客户是否满意，记录客户诉求，确保客户没有其他方面需求后，方能礼貌结束对话	针对一次办结工单，"请问您还有需要帮助的吗? /请问您还有需要咨询的吗? 感谢您的拨打! /感谢您的来电，以后您在用电方面有需要帮助的，欢迎继续拨打我们的电话!"
				针对无法一次办结的工单，"您还有什么需要反映的/补充的吗? /您反映的问题我们将安排专业人员进行对接，请您耐心等待。/感谢您的来电，以后您在用电方面需要帮助，欢迎继续拨打我们的电话! /祝您生活愉快，再见!"

续表

序号	类别	场景	要点	话术
4	客户沟通	需要客户提供个人信息	在向客户了解相关信息时，需要通过了解性问题进行询问，并强调用户提供信息的重要性，尽量不要正面直接提问，避免招致客户的反感而不配合网格经理工作	“为查询您的准确信息，能否提供您的户号或者表号？”/“您反映的情况对我们非常有帮助，能否告诉我们您的户号或者表号？这样我们就能确认问题发生的最小范围，有助于尽快解决您的问题。”
5		网格经理回答问题错误	网格经理回答问题错误时，需要及时更正	“您好，对于刚才的问题我还有一些内容需要补充……（正确补充回答问题）”
6		客户抱怨网格经理声音太小或听不清楚	客户抱怨听不清时，网格经理应适当提高音量，并向客户确认是否听清，并给出相应建议	适当提高音量，并询问客户：“对不起，现在能听清了吗？”
				若客户仍表示无法听清，“很抱歉，请您尝试换一个电话拨打，或者在较安静的环境下拨打，感谢您的理解和支持。给您造成不便，请您谅解。”
7		没有听清楚客户所述内容要求	网格经理未听清客户所述内容时，应礼貌请客户配合重复	“对不起，请您将刚才反映的问题再复述一遍，好吗？谢谢您！”
8		客户听不明白时	客户未明白网格经理回答时，应礼貌进行再次解释	“您好，可能是我没表达清楚，请允许我再为您解释一下，可以吗？”
9		客户要求询问领导电话或找领导接电话	客户要询问领导电话或找领导接电话时，应礼貌婉拒，并主动积极为客户解决职责范围内的用电问题	“很抱歉，如果您有用电方面的问题请您告诉我，由我来帮您处理，好吗？”或“请您放心，您的问题我们一定尽快为您反映，请交给我来处理，好吗？”

续表

序号	类别	场景	要点	话术
10	客户沟通	提供的信息较长	提供的信息较长，需要客户记录下相关内容时，应适时提示客户，并给客户一定时间记录，不可语速过快	“麻烦您记录一下，好吗?”
11		需要客户等待	需要客户等待时，应先征求客户的意见	“对不起，请您稍等片刻，好吗?”
12		客户善意邀约	面对客户善意邀，应礼貌拒绝	“非常感谢您对我工作的肯定，能为您解决用电方面的问题我感到很荣幸。非常抱歉，我不能接受您的邀请，希望下次能再次为您服务。祝您愉快，再见!”
13		客户表示对当前服务非常满意	客户表示对当前服务非常满意时，应谦虚回礼	“非常感谢您对我们服务的认可!”
14		遇到客户提出建议	客户提出建议时，感谢客户提出建议，并虚心接受	“感谢您提出的宝贵建议，我们将及时反馈给公司相关负责人员，再次感谢您对我们工作的关心和支持。”
15		需请求客户谅解时	需要请求客户原谅时，应使用抱歉语气	“对不起，请您原谅/很抱歉。”
16		客户表示感谢	客户表示感谢时，应谦虚回礼	“不客气，这是我们应该做的，感谢您对我们工作的理解和支持!”
17		客户不愿意按照相关规定提供必需的信息	当客户不愿意按照相关规定提供必需的信息时，耐心向客户解释、劝导	“为了更好地为您服务，请您提供××信息，感谢您的配合。”

续表

序号	类别	场景	要点	话术
18	客户沟通	客户所查询的信息系统里没有	客户所查询的信息系统里没有时，应向客户解释、致歉	“对不起，您所咨询的信息，系统暂无记录，给您带来不便，请您谅解。请您留下联系方式，我们确认后再给您回复。”
19		客户的要求超出公司规定、无法满足或反映与供电服务无关事宜	客户的要求超出公司规定、无法满足或反映与供电服务无关事宜时，向客户解释、致歉	“对不起，我们暂无这方面的相关规定/暂未开展此项服务，我们将根据您的需求进行研讨，请您谅解。”
20		无法当场答复客户	无法当场答复客户时，应留下客户联系方式，确认后，回拨客户，不可以自己编造、随意回答	“对不起，请您留下联系电话，我们查询后将尽快与您联系。”
				客户留下联系方式后，需再次确认：“××先生/女士，您的联系方式是……（重复联系方式），对吗?”
21	异常情况	突然掉线	在通话过程中如遇到突然掉线且客户没有明确结束时，应主动回拨	“您好！我是××供电公司××。打扰您了，请问您是××先生/女士吗?”
				确认客户身份后，“××先生/女士，您好！很抱歉，刚才电话掉线了，很高兴再次为您服务。”
22		客户情绪激动，发泄不满和怨气	遇到客户情绪激动时，应保持语气平和，不顶撞客户、不与客户发生争执，设法安抚客户情绪，并适时以“您好”或以礼貌称呼打断客户	“您好/××先生/女士，我非常理解您的心情，对您的问题我们会及时向相关部门反映，并在××（时间）内给予答复，好吗?”

续表

序号	类别	场景	要点	话术
23	异常情况	客户不愿结束通话	遇到客户问题已记录，仍不肯结束通话时，表示将会尽快处理问题并答复，并引导客户结束通话	“××先生/女士，请放心，您反映的……（简述客户问题）问题我已领会并做了详细记录，我们会跟踪处理并会在××（时间）内给予答复。”
24		客户声音无法听清	遇到客户声音小听不清楚时，网格经理应保持自己的音量不变的情况下，进行沟通	“对不起！我这里听不清您的声音，请您大声一点好吗？”
				隔 2s，仍无法听清：“对不起，我还是听不清您的声音，请您稍后致电。”
				再隔 2s，仍无法听清：“祝您愉快，再见！”
25		电话接通后客户只顾与其他人说话	电话接通后客户只顾与其他人说话，不理会网格经理时，网格经理应礼貌与客户沟通，不能直接挂机	在进行问候后隔 2s，若客户只顾与其他人说话，不理会网格经理：“您好，这里是供电公司××网格经理，请问您能听得到吗？”
				隔 2s，若客户仍只顾与其他人说话，不理会：“对不起，如果您听不到我的声音或者您现在不方便与我们通话，您可以稍后再与我们联系。”
				隔 2s，若客户仍只顾与其他人说话，不理会：“感谢您的来电，祝您愉快，再见！”
26		设备故障不能操作	设备故障不能操作时，向客户说明情况，并及时回拨	“很抱歉，因目前系统故障暂时无法受理您的业务，系统预计于××时间恢复正常。请您留下联系电话，我们会在××（时间）内与您联系，给您带来的不便敬请谅解。”

附录B 具体场景话术

停电客户服务话术见表B.1。

表B.1 **停电客户服务话术**

步骤	话术要点	场景	规范话术（参考语）	关键内容
1	服务预约	—	—	—
2	服务问候	—	“您好，我是供电公司台区网格经理/网格经理××，请问您是××先生/女士吗？请问现在您方便接电话吗？”	方便
		客户不便	“抱歉打扰您了，您看什么时间方便再次联系您？”	抱歉、再次联系
		客户方便	“您好，我是负责您日常用电服务的网格经理××，接到您反映的问题，需要和您具体沟通一下。”	日常用电服务、沟通
3	需求确认	—	“××先生/女士，请问您需要反映停电问题，对吗？”	停电问题
4	需求引导	判定供电主体	“请问您反映停电的地址是哪里？平时电费怎么交呢？是否有用电户号？”	地址、缴费方式、户号
		客户报修地址为自管小区	“抱歉，××先生/女士，您所反映停电问题的地址是自管小区，经查询，我们的公用电力设施当前运行正常，由于小区内部电力设施产权及运行维护职责均不属于供电公司，建议您联系所在小区的物业或开发商排查解决停电问题。”	自管小区、内部电力设施、联系物业或开发商
		客户报修地址为直供区域	“您的用电地址是××，请问您的家中（厂区、办公楼）/周围都停电了吗？大概停了多长时间？有没有检查家中或电能表处的开关是否跳闸？方便告知一下您的用电户号吗？我先帮您查询一下是否因为欠费原因导致停电。”	单户/多户停电、停电时长、跳闸、电费户号、欠费原因

续表

步骤	话术要点	场景	规范话术（参考语）	关键内容
5	诊断分析	客户欠费停电	“××先生/女士，经查询，您已欠费××元，系统已于××点××分自动停电。”	欠费、自动停电
		客户处故障停电	“××先生/女士，经查询，您居住的位置属××设备/线路故障导致的停电。”	设备/线路故障
		客户内部故障	“××先生/女士，经查询，您没有因欠费停电，所在位置也没有因故障或计划停电，初步判断属您内部故障停电。”	内部故障
6	解决问题	欠费停电	“××先生/女士，您已欠费××元，系统已于××点××分自动停电，请您下载‘网上国网’APP，或通过支付宝、微信、到就近的营业厅缴费，您缴费后30min内可自动复电。如果30min后仍未送电，请您及时与我联系，我将上门手动为您复电。”	缴费渠道、恢复送电方式、恢复时间
		故障停电	“××先生/女士，您所在的供电线路（变压器）因××原因停电，现在抢修人员正在查找（处理）故障，预计××小时后（××点××分左右）能够恢复供电。停电给您带来了不便敬请谅解，也请您稍稍耐心等待。”	停电原因，预计恢复时间，致歉
		客户反映存在故障停电未提前通知	“××先生/女士，因为故障停电给您带来的不便，我十分抱歉，由于突发性故障无法预计，因此供电公司无法提前通知，还请您理解。您可以添加我的微信，微信号为××，我会邀请您加入到供电服务微信群，如有停电信息，我们会及时在群内推送，您也可以在群内咨询其他用电问题。”	抱歉、突发性故障、无法预计、理解、微信群、及时推送
		客户反映存在故障停电恢复时间长	“××先生/女士，由于故障停电往往是突发性故障，只能通过现场逐一排查故障点，遇上故障处理难度大或者线路故障点隐蔽不易查找时，可能会存在故障处理时间较长的情况，但是请您放心，我们的人员一定是24 h全力抢修，争取尽快恢复送电。”	逐一排查、全力抢修、尽快恢复

续表

步骤	话术要点	场景	规范话术（参考语）	关键内容
6	解决问题	客户未见到抢修人员，质疑“正在抢修”状态	“××先生/女士，停电后，我们已经立即派出抢修人员沿线路查找故障，因线路较长，具体的故障点可能不在您的视线范围内。请放心，工作人员正在全力抢修，相关抢修和送电信息，网格经理会第一时间通过微信群进行通知，抢修完毕会立即送电，十分抱歉给您的生活带来不便。”	立即派出、线路较长、视线范围、全力抢修、第一时间、立即送电
		客户反映存在欠费停电未接到通知时	“××先生/女士，通常情况下，我们的系统会根据您预留的电费账户联系人手机号码自动推送欠费提醒短信，提前7天发送欠费通知，提前30min再次发送停电通知，30min内不交费，会自动执行停电。经查询，您预留的账务联系人号码是××/没有预留号码，如号码错误/需要重新变更绑定，可以通过“网上国网”APP、线下营业厅进行号码绑定/变更。”	欠费通知、预留号码、变更绑定
		不能在承诺时限到达客户处	“××先生/女士，由于堵车我目前正在××（小区、街道），大概需要××个小时（分钟），预计于××点××分左右到达您所在位置，请您电话保持畅通。”	大概需要、预计、电话畅通
		低压客户抢修经现场确认属客户内部故障	“××先生/女士，经查验，您的表箱上下接头处都有电，说明是您家里的线路或设备出现故障。因表箱出线以后的线路设备产权不归属供电公司，不在供电公司抢修范围内，建议您找物业或产权单位帮您查看处理。如您为自建房屋，请查看屋内总开关或屋内线路是否有故障，请注意个人安全。”	抢修范围、物业、产权单位、个人安全
		停电客户情绪较激动时	“非常抱歉××先生/女士，停电给您（大家）带来诸多不便，我能理解您（大家都）着急用电的心情，抢修人员正在××地点全力进行抢修，现场抢修照片和送电信息我们将通过网格经理三级微信群第一时间发布，抢修完毕后会立即送电，请您耐心等待。”	抱歉、抢修照片、送电信息、微信群、立即送电
		居民客户反映家中有用电操作需要协助处理	“因为表箱出线以后的线路设备不归属供电公司，不在供电公司抢修范围内，维修时需要更换的线路、开关、插座等设备需要您自行准备，并找相应有资质的电工处理，如您实在找不到维修人员也可以准备完毕相关材料后，再联系我帮您更换。”	抢修范围、自行准备、社会电工、准备相关材料

续表

步骤	话术要点	场景	规范话术（参考语）	关键内容
7	结束引导	—	“××先生/女士，这是我的联系电话××（工作号），后续有什么问题您随时可以联系我，您还可以加入我的工作微信群，方便我向您及时推送相关用电信息。此外你还可以拨打 24 h 客服电话 95598。感谢您对我们工作的理解和支持，再见！”	客服电话、微信群、随时
8	质量跟踪	—	“您好！我是××供电公司××（工号）工作人员，请问您是××先生（女士）吗？请问您提出的××问题得到有效解决了吗？请问您对本次业务中供电公司的服务是否满意？”	有效解决
		客户不满意	“请问您对哪个工作环节不满意？方便说下您不满意的原因吗？”	工作环节、不满意
		客户满意	“感谢您的配合，再见！”	感谢、配合

低电压客户服务话术见表 B.2。

表 B.2　低电压客户服务话术

步骤	话术要点	场景	规范话术（参考语）	关键内容
1	服务预约	—	—	—
2	服务问候	—	“您好，我是供电公司台区网格经理/网格经理××，请问您是××先生/女士吗？请问现在您方便接电话吗？”	方便
		客户不便	“抱歉打扰您了，您看什么时间方便再次联系您？”	抱歉、再次联系
		客户方便	“您好，我是负责您日常用电服务的网格经理××，接到您反映的问题，需要和您具体沟通一下。”	日常用电服务、沟通
3	需求确认	—	“××先生/女士，请问您需要反映电压低的问题，对吗？”	低电压问题

续表

步骤	话术要点	场景	规范话术（参考语）	关键内容
4	需求引导	判定供电主体	“请问您反映低电压的地址是哪里？平时电费是交给谁呢？是否有用电户号？”	地址、电费交谁、户号
		客户报修地址为自管小区	“抱歉××先生/女士，您所反映停电问题的地址是自管小区，经查询，我们的公用电力设施当前运行正常，由于小区内部电力设施产权及运行维护职责均不属于供电公司，建议您还是联系所在小区的物业排查解决问题。”	自管小区、产权划分、运维职责划分、联系物业
		客户报修地址为直供区域	“您好××先生/女士，为了更好地帮您核实，请提供一下您的户号、表号？请问能否提供一下您的户名、地址？请问您家目前用电是否正常？空调、电灯、电视机是否正常使用？请问您是普通居民还是非居民？您附近客户有此情况吗？您有测过电压值吗？目前的电压值是多少伏（220V 单相供电的，电压值的正常范围为 198～235.4V；380 V 三相供电的，电压值的正常范围为 353.4～406.6V）？请问电压低问题主要出现在什么时间？请问电压异常情况持续多久时间？”	户号、用电是否正常、电器运转、电压值、什么时间、持续多久
5	诊断分析	客户存在低电压	“您好××先生/女士，根据您的描述情况，初步判断您所在位置存在电压低的情况。”	存在电压低
		客户不存在低电压	“您好××先生/女士，根据您的描述情况，初步判断您所在位置不存在电压低的情况。”	不存在
6	解决问题	客户存在低电压问题	“您好××先生/女士，针对您反映的情况，我们会进一步到现场核实，在低电压处理方面，我们会有××系列举措和建议，尽力缓解咱们所在地方的低电压问题，也感谢您的配合和理解。”	现场核实、举措、尽力缓解、配合和理解
		客户不存在低电压	“很抱歉××先生/女士，经过现场检查，为您区域供电的公共线路并不存在低电压情况，建议您请有资质的社会电工帮您检查一下家中线路，或大功率用电设备情况。”	现场检查、社会电工

续表

步骤	话术要点	场景	规范话术（参考语）	关键内容
6	解决问题	客户反映低电压问题情绪激动时	“很抱歉××先生/女士，因为供电质量原因给您带来诸多不便，我能理解您的心情，针对您反映的情况，我们会尽快到现场核实，在低电压处理方面，我们会有××系列举措和建议，尽力缓解咱们所在地方的低电压问题。也感谢您的配合和理解。”	抱歉、举措、尽力缓解
7	结束引导	—	“您好！××先生/女士，这是我的联系电话××（工作号），后续有什么问题您随时可以联系我，您还可以加入我的工作微信群，方便我向您及时推送相关用电信息。此外你还可以拨打 24 h 客服电话 95598。感谢您对我们工作的理解和支持，祝您生活愉快，再见！”	客服电话、微信群、随时
8	质量跟踪	—	“您好！我是××供电公司××（工号）工作人员，请问您是××先生（女士）吗？请问您提出的××问题得到有效解决了吗？请问您对本次业务中供电公司的服务是否满意？”	有效解决
		客户评价不满意时	“请问您对哪个工作环节不满意？方便说下您不满意的原因吗？”	工作环节、不满意
		客户评价满意时	“感谢您的配合，再见！”	感谢、配合

农田灌溉客户服务话术见表 B. 3。

表 B. 3　农田灌溉客户服务话术

步骤	话术要点	场景	规范话术（参考语）	关键内容
1	服务预约	—	—	—
2	服务问候	—	“您好，我是供电公司台区网格经理/网格经理××，请问您是××先生/女士吗？请问现在您方便接电话吗？”	方便
		客户不便	“抱歉打扰您了，您看什么时间方便再次联系您？”	抱歉、再次联系
		客户方便	“您好，我是负责您日常用电服务的网格经理××，接到您反映的问题，需要和您具体沟通一下。”	日常用电服务、沟通

续表

步骤	话术要点	场景	规范话术（参考语）	关键内容
3	需求确认	—	“××先生/女士，您是反映农排浇地卡办理问题吗?”	农排、浇地卡
4	需求引导	—	“很抱歉给您带来不便，请问您方便提供下您的户号吗？您交费是交给谁的?”	带来不便、交费
5	诊断分析	—	“××先生/女士，浇地卡目前有两类发行主体。新建的和已经移交给村委（用水组织）管护的低压设施，需要到村委（用水组织）建卡充值。暂时还没有进行水价改革更换村委电能表的低压设施，仍是供电公司管护，需要到辖区供电营业厅建卡，通过现金充值。由于目前处于实体移交期，政府在加快加深推动水价改革，村委设置‘一长两员’，供电公司电卡会陆续退出运行，建议用多少充多少。”	村委、用水组织、建卡充值、营业厅、现金充值
6	解决问题	交费金额异议	“××先生/女士，4毛多的农业灌溉费仅为电费，××元的农业灌溉费由村委（用水协会）按政府政策收取，包含水费、管护费和电费。水费是政府推行水价改革，依据河南省发展和改革委员会制定的文件，以电能表度数折算得出。管护费是政府为确保有人管、有人修，通过“四议两公开”“一长两员”（井长、管护员、维修员）模式设置岗位支出的费用。电费是供电公司对村委（用水协会）总表收取，执行河南省发展和改革委员会文件要求，目前仍是每千瓦时0.4842元。随着实体移交的全部到位以及水价改革的落实到位，所有的价格均按照河南省发展和改革委员会的水价改革文件执行。”	农业灌溉费、政府政策、水费、管护费、电费
		冲卡流程异议	“××先生/女士，浇地卡目前需要到营业厅通过现金充值，建议您根据使用情况提前充值，避免在非营业时间浇地卡透支停电无法浇地。感谢您对我们的工作给予理解和支持。”	现金充值、营业时间提前充值
		设备故障	“××先生/女士，供电公司与村委（用水协会）以机井台区低压侧安装的计量总表箱为产权分界点，分界点前（靠近电网侧）的高压电力设施由供电公司管护，分界点后（靠近井侧）的低压电力设施由村委（用水协会）管护。双方在各自的管护范围内维护电力设施设备，保障正常灌溉用电，并负相应的安全责任。”	产权分界点、管护

续表

步骤	话术要点	场景	规范话术（参考语）	关键内容
7	结束引导	—	“××先生/女士，这是我的联系电话××（工作号），后续有什么问题您随时可以联系我，您还可以加入我的工作微信群，方便我向您及时推送相关用电信息。此外你还可以拨打 24h 客服电话 95598。感谢您对我们工作的理解和支持，祝您生活愉快，再见！”	客服电话、微信群、随时
8	质量跟踪	—	“您好！我是××供电公司××（工号）工作人员，请问您是××先生（女士）吗？请问您提出的××问题得到有效解决了吗？请问您对本次业务中供电公司的服务是否满意？”	有效解决
		客户不满意	“请问您对哪个工作环节不满意？方便说下您不满意的原因吗？”	工作环节、不满意
		客户满意	“感谢您的配合，再见！”	感谢、配合

户用分布式光伏客户服务话术见表 B. 4。

表 B. 4　户用分布式光伏客户服务话术

步骤	话术要点	场景	规范话术（参考语）	关键内容
1	服务预约	—	—	—
2	服务问候	—	“您好，我是供电公司台区网格经理/网格经理××，请问您是××先生/女士吗？请问现在您方便接电话吗？”	方便
		客户不便	“抱歉打扰您了，您看什么时间方便再次联系您？”	抱歉、再次联系
		客户方便	“您好，我是负责您日常用电服务的网格经理××，需要和您具体沟通一下户用光伏报装具体事项。”	日常用电服务、沟通

续表

步骤	话术要点	场景	规范话术（参考语）	关键内容
3	需求确认	—	“××先生/女士，您的用电地址是在××，是要办理户用分布式光伏报装业务，对吗？”	先生/女士、用电地址、户用、分布式光伏、对吗
4	需求引导	判定光伏客户类别	“请问您安装的户用光伏是准备自发自用余电上网还是全额上网呢？”	自发自用余电上网、全额上网
		客户为自发自用余电上网	“××先生/女士，您准备自发自用余电上网的话，我公司为您投资建设低压表箱及以上供电设施（含表上线、表箱、电能表、互感器、表箱内断路器和电能采集装置等），望您知晓。”	自发自用余电上网、我公司、投资建设、低压表箱及以上供电设施
		客户为全额上网	“××先生/女士，您准备全额上网的话，我公司为您投资电能表及互感器。投资分界点即为产权分界点，产权分界点一般为低压表箱内电能表后第一断路器出线端子，产权分界点以下由您负责投资建设，望您知晓。”	全额上网、我公司、投资、电能表、互感器、产权分界点以下
5	诊断分析	台区变压器容量允许安装	“××先生/女士，您安装的户用光伏准备采取××方式的话，我公司将按照上述规定进行投资建设。另外，为确保您的用电安全，请您自行购置、委托安装表箱以下的漏电保护装置。”	准备采取、按照、规定、投资建设、确保、用电安全、自行购置、委托安装、表箱以下、漏电保护装置
		台区变压器容量不允许安装	“××先生/女士，经过对您用电位置所在台区进行核实，所在台区变压器已接入容量为××，已达/超过变压器额定容量××，暂时无法在本台区继续安装户用光伏，请您谅解。我们会尽快对满载/超载变压器进行更换，以满足您的办电需求。”	台区、核实、已接入容量、额定容量、谅解、更换

续表

步骤	话术要点	场景	规范话术（参考语）	关键内容
6	解决问题	客户不清楚报装所需材料	“××先生/女士，根据您的用电需求，我们暂定××月××日进行现场勘查工作，您需要准备的材料是：主体证明和产权证明。主体为自然人：主体证明需提供居民身份证、户口本、军官证或士兵证等任选其一的原件及复印件；主体为非自然人：主体证明需提供营业执照、组织机构代码证、宗教活动场所登记证等任选其一的复印件。产权证明需提供产权证、国有土地使用证、购房合同等任选其一的复印件。若您已委托相关人员办理具体事宜，也可通知其一并参与现场勘查，便于提高工作效率。届时我们会提前联系您。您还有什么疑问吗？”（根据各类预约办电业务要求告知客户时间及相关材料）	用电需求、暂定、现场勘查、主体证明、产权证明、委托、办理、提前联系
		客户咨询线上办理方式	“您好！您可通过‘网上国网’APP进行线上办电，需要上传主体证明和产权证明，上传资料审核无误后，我们将正式受理您的用电申请。”	“网上国网”APP、线上办电、上传、主体证明、产权证明、审核无误、正式受理、用电申请
		客户咨询光伏补贴发放有误	“您好！国家电网有限公司推行购售同期电费收缴政策，光伏补贴分次发放，所以出现了您收到的光伏补贴和‘网上国网’APP显示金额不一致的情况，按照政策对您的光伏补贴进行计算，最终计算金额为××，和‘网上国网’APP显示一致。您的光伏补贴是没有问题的，请您理解。”	国家电网有限公司、购售同期、政策、光伏补贴、分次发放、计算、最终、金额、没有问题、理解
7	结束引导	—	“××先生/女士，这是我的联系电话××（工作号），后续有什么问题您随时可以联系我，您还可以加入我的工作微信群，方便我向您及时推送相关用电信息。此外你还可以拨打24h客服电话95598。感谢您对我们工作的理解和支持，祝您生活愉快，再见！”	客服电话、微信群、随时

续表

步骤	话术要点	场景	规范话术（参考语）	关键内容
8	服务回访	—	“您好！我是××供电公司××（工号）工作人员，请问您是××先生（女士）吗？能耽误您几分钟对您的业务办理情况做个回访吗？请问您提出的××问题得到有效解决了吗？请问您对本次业务中供电公司的服务是否满意？”	业务办理情况、有效解决
		客户评价不满意时	“请问您对哪个工作环节不满意？方便说下您不满意的原因吗？”	工作环节、不满意
		客户评价满意时	“感谢您的配合，再见！”	感谢、配合

被转供电客户服务话术见表B.5。

表B.5　被转供电客户服务话术

步骤	话术要点	场景	规范话术（参考语）	关键内容
1	服务预约	—	—	—
2	服务问候	—	“您好，我是供电公司台区网格经理/网格经理××，请问您是××先生/女士吗？请问现在您方便接电话吗？”	方便
		客户不便	“抱歉打扰您了，您看什么时间方便再次联系您？”	抱歉、再次联系
		客户方便	“您好，我是负责您日常用电服务的网格经理××，接到您反映的问题，需要和您具体沟通一下。”	日常用电服务、沟通
3	需求确认	—	“××先生/女士，您反映转供方未按照物价部门制定的电价标准收取电费问题，可以具体描述一下情况吗？”	先生/女士、物价部门、电价标准
4	需求引导	客户反映转供方未按照物价部门制定的电价标准收取电费	“系统显示您没有电力户号，您是通过什么渠道查询、交纳的电费，目前转供方的电价是多少？为了给您提供更高效的服务，我们需要了解下您的具体用电位置，如：××路或××村东等。”	电费交纳渠道、转供方的电价、具体用电位置

续表

步骤	话术要点	场景	规范话术（参考语）	关键内容
4	需求引导	客户希望所在区域由物业管理改为供电公司直接抄表收费	“您的问题向小区物业或业主委员会反映过吗?”	小区物业或业主委员会、反映
5	诊断分析	—	“××先生/女士，根据您的描述，很抱歉，您所在的地方不是由电力公司直接供电，转供方收费超过物价部门规定，建议您直接联系市场监督部门（12345/当地政府热线）向监管部门进行问题反馈。”	电力公司、直接供电、物价部门、市场监督部门
6	解决问题	客户反映转供方未按照物价部门制定的电价标准收取电费	“××先生/女士，根据您的描述，很抱歉，由于您目前由转供方（比如物业、商场、产业园区）供电，不是由电力公司直接供电，收取的电费电价问题电力公司无权直接干预，所以只能记录您的信息，促请价格主管部门处理。为了更快更有效地解决您的问题，建议您直接联系市场监督部门（12345/当地政府热线）向监管部门进行问题反馈。为了确保您享有良好的服务体验，我们在此温馨提醒您：您可以通过‘网上国网’APP，查看转供电电费码。通过点击‘特色服务’或弹窗中关于‘转供电电费码’的相关内容，进入‘信息填写页面’，点击‘近期查询记录’即可查看申报过的转供电费码。点击每个月份后面的箭头，查看电费码详情。若您查询出的‘转供电费码’为‘黄码’或‘红码’，则可能存在转供电环节加价风险，可自行联系市场监督部门（12345/当地政府热线）进行处理。”	转供方供电、无权直接干预、记录您的信息、“网上国网”APP、转供电电费码、查看电费码详情、“黄码”或“红码”、存在转供电环节加价风险、自行联系、市场监督部门
		客户希望所在区域由物业管理改为供电公司直接抄表收费	“您好，根据您的描述，需您所在小区物业或业主委员会向供电公司提出改造申请，供电公司人员进行现场勘察，具备供用电条件并验收合格后，可成为供电公司直供客户。”	小区物业、业主委员会、改造申请、现场勘察、供用电条件、验收合格
7	结束引导	—	“××先生/女士，我的联系电话是××，后续有什么问题您随时可以联系我，感谢您对我们工作的理解和支持，再见!”	随时、理解和支持

续表

步骤	话术要点	场景	规范话术（参考语）	关键内容
8	质量跟踪	—	“您好！我是××供电公司××（工号）工作人员，请问您是××先生（女士）吗？请问您提出的××问题得到有效解决了吗？请问您对本次业务中供电公司的服务是否满意？”	有效解决
		客户不满意	“请问您对哪个工作环节不满意？方便说下您不满意的原因吗？”	工作环节、不满意
		客户满意	“感谢您的配合，再见！”	感谢、配合

租赁客户服务话术见表B.6。

表B.6　租赁客户服务话术

步骤	话术要点	场景	规范话术（参考语）	关键内容
1	服务预约	联系人为房东	“您好，我是供电公司台区网格经理××，负责您小区的日常用电工作，您方便把现在租赁客户的联系方式提供给我吗？您同意在供电公司系统内预留租赁客户的联系方式并为其发送用电信息吗？”	日常用电工作、租赁客户、联系方式
		与租赁客户约定上门时间	“您好，我是供电公司台区网格经理××，负责您小区的日常用电工作，请问您什么时候方便？我想上门走访您，帮您检查一下您家的用电情况。”	您好、日常用电工作、方便、时间、走访
		客户不便	“很抱歉，打扰您了，您看我什么时候方便再次联系您？”	抱歉、打扰、方便、再次联系
		客户方便	“我将于××点××分到达，进行走访，请您稍候。”	××点××分到达、稍候
2	服务问候	—	“您好！我是供电公司网格经理××，负责您小区的日常用电工作。”	日常用电工作

续表

步骤	话术要点	场景	规范话术（参考语）	关键内容
3	需求确认	—	—	—
4	需求引导	询问用电问题	“请问您在用电过程中遇到什么问题吗？有什么需要我们帮助的吗？”	问题、帮助
		若通过房东联系上客户	“请问××是您的常用联系方式吗？您通常通过什么渠道查询电费？”	常用联系方式、渠道
5	诊断分析	—	“经房东同意后，我们可以对系统内联系方式进行变更，方便您接收用电信息和电费提醒。”	联系方式、变更、方便
6	解决问题	客户要求变更联系方式	“您的用电户号是××，您要变更的电话号码是××，对吗？您需要绑定短信吗？我已记录您需要变更的户号和电话号码，稍后会为您进行变更处理。”	用电户号、电话号码、短信、变更
		客户询问电费缴纳渠道	“您好！下载‘网上国网’APP，查询、缴费、办电、报修，足不出户、一键完成。您也可以通过支付宝、微信或到就近的营业厅缴费。每月电费须在20日前结清，请时常通过以上渠道了解电费信息，及时缴纳电费。避免因欠费停电给您带来不便。”	“网上国网”、查询、缴费、办电、报修、足不出户、一键完成、支付宝、微信、营业厅、20日前、结清、渠道、了解、及时、避免、欠费停电、不便
7	结束引导	—	“我们可以互加一下微信吗？加入我的电力服务微信群，我将不定时发布安全用电、节约用电小常识，最新电费电价政策、服务举措等。停电时，及时发布停电信息和现场抢修进度，让您明白用电，放心用电。”	微信、发布、安全用电、节约用电、电费电价政策、服务举措、停电信息、现场抢修、明白、放心
		—	“××先生/女士，我的联系电话是××，这是我的名片（便民服务卡），您有用电问题都可以找我，我将竭诚为您服务。您也可以拨打24 h客服电话95598，24 h为您提供咨询、报修、报装等用电需求，请您惠存。感谢您对我们工作的理解和支持，再见！”	联系电话、名片（便民服务卡）、竭诚、服务、24 h、提供、咨询、报修、报装

续表

步骤	话术要点	场景	规范话术（参考语）	关键内容
8	质量跟踪	—	“您好！我是××供电公司××（工号）工作人员，请问您是××先生（女士）吗？请问您对本次业务中供电公司的服务是否满意？”	是否满意
		客户不满意	“请问您对哪个工作环节不满意？方便说下您不满意的原因吗？”	工作环节、不满意
		客户满意	“感谢您的配合，再见！”	感谢、配合

充电桩报装客户服务话术见表B.7。

表B.7　充电桩报装客户服务话术

步骤	话术要点	场景	规范话术（参考语）	关键内容
1	服务预约	—	—	—
2	服务问候	—	“您好，我是供电公司台区网格经理/网格经理××，请问您是××先生/女士吗？请问现在您方便接电话吗？”	方便
		客户不便	“抱歉打扰您了，您看什么时间方便再次联系您？”	抱歉、再次联系
		客户方便	“您好，我是负责您日常用电服务的网格经理××，需要和您具体沟通一下充电桩报装事项。”	日常用电服务、沟通
3	需求确认	—	“××先生/女士，您的用电地址是在××，是要办理高/低压充电桩用电业务，对吗？”	先生/女士、用电地址、高/低压、充电桩、对吗
4	需求引导	判定供电主体	“请问您的报装地址是哪里呢？电费是交给谁呢？”	报装地址、电费交给谁
		客户报装地址为专用变压器小区	“抱歉××先生/女士，您所报装的地址是专用变压器小区，小区内部电力报装供电公司无权干涉，个人建设充电设施须向电力设施产权单位申请用电。建议您还是联系物业解决。”	专用变压器小区、无权干涉、产权单位、联系物业

续表

步骤	话术要点	场景	规范话术（参考语）	关键内容
4	需求引导	客户报装地址为直供小区	“您的用电主体是什么类型（个人、企事业、社会团体等）？主要用途是什么？什么类型车辆充电（充电对象：自用车、公用车、出租车等）？用电地址产权证明获取时间是××年××月××日？打算什么时间用上电？除充电桩外有无其他用电设施？对供电可靠性和电能质量有无特殊需求？为了给您提供更高效的服务，我们还需要了解下您的充电桩/（高压配电设施）设施大致位于什么位置，如：厂区（办公楼）东北或西南角等。”	用电主体、个人、企事业、社会团体、主要用途、车辆类型、产权证明获取时间、位置
5	诊断分析	—	“××先生/女士，您的用电主体是××，产权证明取得时间是××年××月××日，打算给××类型车辆充电（充电对象：自用车、公用车、出租车等），采取高/低压接入，单/双电源，需求容量是××千伏安，意向接电日期是××月××日，内部充电桩设施/（高压配电设施）在××方向，对电能质量有/无特殊需求，对吧？”	用电主体、产权证明取得时间、车辆充电、高/低压接入、单/双电源、需求容量、意向接电日期、充电桩设施、特殊需求
6	解决问题	客户不清楚报装所需材料	“××先生/女士，根据您的用电需求，我们暂定××月××日进行现场勘查工作，您需要准备的材料是：高压客户，主体证明（营业执照/组织机构代码证/宗教活动场所登记证/社会团体法人登记证书/军队或武警出具的办理用电业务的证明任选其一）、产权证明（固定车位产权证明/产权方出具同意安装使用充电设施的证明材料任选其一）；低压客户，车位使用证明（车位购买证明如发票、合同等；如是租赁车位，提供租期超过一年的租赁合同复印件，农村地区自有产权房屋可提供产权证明或提供村委会及以上出具的产权证明）、车位产权所有人身份证明（居民身份证/临时身份证/户口本/军人证/台胞证等任选其一）、物业证明（物业公司出具同意安装使用充电设施的证明，需加盖物业公章，农村地区自有产权无须提供）、车位产权所有人新能源汽车购车证明（购车发票/合同/购车意向书/行驶证任选其一）；若您已委托相关人员办理具体事宜，也可通知其一并参与现场勘查，便于提高工作效率。届时我们会提前联系您。您还有什么疑问吗？”（根据各类预约办电业务要求告知客户时间及相关材料）	用电需求、暂定、现场勘查、主体证明、产权证明、车位使用证明、车位产权所有人身份证明、物业证明、车位产权所有人新能源汽车购车证明、委托、办理、提前联系

续表

步骤	话术要点	场景	规范话术（参考语）	关键内容
6	解决问题	客户咨询充电桩电价	“××先生/女士，居民充电桩用电执行居民用电价格中的合表用户电价，0.568元/kWh。您可以自愿选择执行峰谷分时电价，低谷时段每日22：00—次日8：00：在分档电价的基础上每千瓦时降低0.12元；高峰时段8：00—22：00：在分档电价的基础上每千瓦时提高3分钱。峰谷分时电价可以通过以下方式申请：①供电公司营业厅，需提供户主身份证原件，委托他人办理的还需提供户主开具的委托书、户主及代办人身份证原件。②国网河南省电力公司微信公众号。③‘网上国网’APP。”（根据各类预约办电业务要求告知客户时间及相关材料）	合表用户电价、峰谷分时电价、低谷时段、高峰时段、身份证原件、委托书
		客户无法拿到物业/社区证明	“××先生/女士，根据《国家电网有限公司关于推广电动汽车“购车办电—装桩接电—充电服务—增值服务”联网通办的通知》（国家电网营销〔2021〕445号）和国网河南省电力公司用电业务办理告知书（低压充换电设施），居民个人报装低压充换电设施需提供车位使用证明（复印件）、车位产权所有人身份证明（原件及复印件）、物业证明（原件）、车位产权所有人新能源汽车购车证明（复印件）。另外，物业通常是因为消防不达标，出于公共安全考量不出具证明，麻烦您和物业多多沟通，互相理解。目前正是国家大力提倡清洁能源消费的时候，相信政府很快会出台相应政策。供电公司作为第三方，对物业公司没有干预及影响的能力，感谢您理解。我们的网格经理会和物业保持沟通，并对您小区充电桩事宜持续关注。”	车位使用证明、车位产权所有人身份证明、物业证明、购车证明、消防、保持沟通、持续关注
7	结束引导	—	“××先生/女士，这是我的联系电话××（工作号），后续有什么问题您随时可以联系我，您还可以加入我的工作微信群，方便我向您及时推送相关用电信息。此外你还可以拨打24h客服电话95598。我们的24h客服电话是××，后续有什么问题您随时可以联系我们，您也可以下载‘网上国网’APP进行线上报装，更加方便快捷。感谢您对我们工作的理解和支持，祝您生活愉快，再见！”	随时、微信群、客服电话、“网上国网”、理解和支持

续表

步骤	话术要点	场景	规范话术（参考语）	关键内容
8	质量跟踪	—	“您好！我是××供电公司××（工号）工作人员，请问您是××先生（女士）吗？请问您提出的××问题得到有效解决了吗？请问您对本次业务中供电公司的服务是否满意？”	有效解决
		客户不满意	“请问您对哪个工作环节不满意？方便说下您不满意的原因吗？”	工作环节、不满意
		客户满意	“感谢您的配合，再见！”	感谢、配合

第三方代扣异常客户服务话术见表 B.8。

表 B.8　第三方代扣异常客户服务话术

步骤	话术要点	场景	规范话术（参考语）	关键内容
1	服务预约	—	—	—
2	服务问候	—	“您好，我是供电公司台区网格经理/网格经理××，请问您是××先生/女士吗？请问现在您方便接电话吗？”	方便
		客户不方便接听	“抱歉打扰您了，您看什么时间方便再次联系您？”	抱歉、再次联系
		客户方便接听	“您好，我是负责您日常用电服务的网格经理××，接到您反映的问题，需要和您具体沟通一下。”	日常用电服务、沟通
3	需求确认	—	“××先生/女士，您是反映使用支付宝/微信等渠道扣费异常吗？可以具体描述一下情况吗？”	渠道、扣费异常，具体描述
4	需求引导	代扣费成功仍然停电	“很抱歉给您带来不便，请问您方便提供下您的户号吗？银行卡是否显示扣费成功？扣款时间是否超过 24h？”	户号、扣费成功、24h
		频繁触发扣费	“请问您在该渠道的账户余额是否充足？设置的每次扣款金额是多少？”	账户余额、扣款金额
		第三方多次扣费	“您分别在哪些渠道设置过自动扣费？”	渠道、自动扣费

续表

步骤	话术要点	场景	规范话术（参考语）	关键内容
5	诊断分析	频繁触发扣费	“××先生/女士，由于您账户余额不足/设置每次扣款金额过低，造成频繁扣费。”	余额不足、扣款金额过低、频繁扣费
		第三方多次扣费	“××先生/女士，由于您在微信、支付宝等多个平台设置自动扣费，当您欠费时，您的签约代扣平台均会自动发起代扣流程，造成重复扣费。”	自动扣费、签约代扣平台、代扣流程、重复扣费
6	解决问题	代扣费成功仍然停电	“抱歉，××先生/女士，系统的确未查到您的交费信息，关于目前欠费导致停电问题，建议您先通过其他渠道结清电费，等待系统自动复电，以便您正常用电。针对您反映的代扣问题，我们会提交系统平台，查询未到账原因及资金去向，针对具体的原因来为您解决问题。扣款时间 24 h 内：系统将于 24 h 之内对已扣款成功但未入账的客户信息记录在系统内进行交易补录，若第三方渠道发送的对账文件中不包含此类客户交易信息，则由客户交费渠道方对客户所交电费进行原路退回或其他方式处理，建议您稍后再次查询。扣款时间超 24 h：每日 0 时为系统账期切换时间，如此时通过第三方渠道交费，将存在延迟情况；如次日 24 时前仍未入账，则该笔资金将在 3～5 个工作日内原路返还至客户交费账户。建议您稍后再次查询。”	交费信息、其他渠道、自动复电、正常用电、代扣问题、未到账原因及资金去向、补录、原路退回、再次查询、延迟情况
		频繁触发扣费或未成功扣费	“抱歉，××先生/女士，您好！在日常生活缴费场景下，您开通并享有的代扣服务内容全部是建立在您与第三方渠道（如银行、支付宝等）签署协议约定的基础上。您在与第三方渠道签署的内容中包括设置相应的扣款规则，如在您的电费账号可用余额低于您设置的金额时，自动从您的第三方渠道账户内扣划您设置的扣款金额用以完成电费交纳。第三方渠道会按照您设置的账单信息向我公司查询您的电费信息，并向您推送代扣提醒。为了确保您享有良好的服务体验，我们在此温馨提醒您：①因房屋租售、搬迁等原因导致您的交费户号发生变化，您需要及时终止原交费户号的自动交费服务，以避免损失。②关注您签约渠道（如银行、支付宝等）的账户是否处于正常使用状态，且账户余额、绑定的银行账户等资金渠道余额是否足够，以免发生因账户状态异常或余	第三方渠道（如银行、支付宝等）、签署协议、扣款规则、可用余额、低于设置金额、自动、账单信息、推送代扣提醒

续表

步骤	话术要点	场景	规范话术（参考语）	关键内容
6	解决问题	代扣费成功仍然停电	额不足导致的交费失败。③关注您签约渠道（如银行、支付宝等）的限额以及您签约渠道的相关公告，如日常交费金额较大且超过您签约渠道的限额，将导致交费失败。④为了进一步改善用户体验，您的签约渠道（如银行、支付宝）可能会更新服务，为您提供版本升级、功能升级、规则升级等服务和内容的更新，您需要重点关注您的签约渠道（如银行、支付宝等）公告、客户端通知、短信或弹窗等，以便您能够及时了解您和您的签约渠道双方协议内容的更新，若您不同意更新后的条款内容，请您第一时间联系您的签约渠道方，您有权停止使用其服务。”	第三方渠道（如银行、支付宝等）、签署协议、扣款规则、可用余额、低于设置金额、自动、账单信息、推送代扣提醒
		第三方多次扣费	“您好！如果因第三方多次扣费造成您多交费至自己账户，建议您作为预存电费处理，如果您想要退费话，需要您携带产权证明、身份证到营业厅办理退费业务。”	第三方多次扣费、预存电费、退费、产权证明、身份证、营业厅、退费业务
7	结束引导	—	“××先生/女士，这是我的联系电话××（工作号），后续有什么问题您随时可以联系我，您还可以加入我的工作微信群，方便我向您及时推送相关用电信息。此外你还可以拨打 24 h 客服电话 95598。后续有什么问题您随时可以联系我们，您也可以下载‘网上国网’APP 进行缴费，更加方便快捷。感谢您对我们工作的理解和支持，祝您生活愉快，再见！”	随时、微信群、客服电话、“网上国网”、理解和支持
8	服务回访	—	“您好！我是××供电公司××（工号）工作人员，请问您是××先生（女士）吗？能耽误您几分钟对您的业务办理情况做个回访吗？请问您提出的××问题得到有效解决了吗？请问您对本次业务中供电公司的服务是否满意？”	业务办理情况、有效解决
		客户不满意	“请问您对哪个工作环节不满意？方便说下您不满意的原因吗？”	工作环节、不满意
		客户满意	“感谢您的配合，再见！”	感谢、配合

生命线工程客户服务话术见表B.9。

表B.9　生命线工程客户服务话术

步骤	话术要点	场景	规范话术（参考语）	关键内容
1	服务预约	—	“您好，我是供电公司台区网格经理××，负责您的日常用电工作，请问您有时间吗？是否方便我到您的用电地址开展安全用电检查。”	日常用电、用电检查
		客户不便	“很抱歉，打扰您了，您看我们什么时候方便再次联系您？”	抱歉、打扰、方便、再次联系
		客户方便	“我将于××点××分到达您的用电地址，请您稍候。”	用电地址、稍候
2	服务问候	—	“您好！我是供电公司网格经理××，将对您进行用电安全检查。”	安全检查
3	需求确认	—	—	—
4	需求引导	用电安全服务	“您是否会定期进行日常用电安全检查？前期自查出的问题，进行整改了吗？”	检查、整改
			“您的配电室和自备应急电源在哪里？是否存在进水倒灌风险？变压器、自备应急电源容量是多大？是否够用？”	配电室、自备应急电源、进水倒灌、应急电源容量
			“您多久会进行自备应急电源试验、测试？能否正常使用？”	试验、测试、正常使用
5	诊断分析	用电安全服务	“经检查，您在用电过程中存在××的风险情况。”	风险情况
6	解决问题	用电安全服务	“这是本次发现的安全隐患问题（递隐患整改通知书），请您核对确认，若无异议请签字，希望贵单位能够按时进行整改完善或治理解决，防患于未然，谢谢！”	安全隐患问题、异议、整改完善

续表

步骤	话术要点	场景	规范话术（参考语）	关键内容
6	解决问题	恶劣天气问题处理方式告知	“您好，政府已发布××色预警/公司已发布××级应急响应，请贵单位持续关注天气状况，提前做好应急预案启动准备，落实防汛抗灾相关措施，优先保障保安负荷供电，如有特殊情况请及时联系。”	预警、应急响应、持续关注、应急预案、优先保障
7	结束引导	—	“××先生/女士，我的联系电话是××，这是我的名片（便民服务卡），您有用电问题都可以找我，我将竭诚为您服务。您也可以拨打拨打 24 h 客服电话 95598，24 h 为您提供咨询、报修、报装等用电服务。感谢您对我们工作的理解和支持，再见！”	联系电话、名片（便民服务卡）、竭诚、服务、24h、提供、咨询、报修、报装
8	服务回访	—	“您好！我是××供电公司××（工号）工作人员，请问您是××先生（女士）吗？能耽误您几分钟对您的业务办理情况做个回访吗？请问您对本次业务中供电公司的服务是否满意？”	业务办理情况
		客户不满意	“请问您对哪个工作环节不满意？方便说下您不满意的原因吗？”	工作环节、不满意
		客户满意	“感谢您的配合，再见！”	感谢、配合

生命维持客户服务话术见表 B. 10。

表 B. 10　　生命维持客户服务话术

步骤	话术要点	场景	规范话术（参考语）	关键内容
1	服务预约	—	—	—
2	服务问候	—	台区网格经理/网格经理：“您好，我是您的网格经理××，现有涉及您的停电事项，我们需要跟您沟通一下具体情况，您现在方便吗？事情比较紧急，耽误您几分钟时间。”	停电事项、沟通、方便、紧急
3	需求确认	确定生命维持需求	“××先生/女士，经了解，您有使用××的需求，对吗？”	需求、对吗

续表

步骤	话术要点	场景	规范话术（参考语）	关键内容
4	需求引导	核实客户用电信息	“很抱歉给您带来不便，您是户号为××、用电地址为××的××的客户，对吗？”	抱歉、户号、用电地址
		核实客户可忍受停电时长	“××先生/女士，非常抱歉，请问您家人/（药品）可承受的停电时长是多久呢？”	抱歉、可承受、停电时长
		核实客户自备电源情况	“很抱歉，××先生/女士，请问您是否自备有应急电源呢？”	抱歉、自备、应急电源
5	诊断分析	客户可忍受停电时长大于停电时长或有自备电源	“××先生/女士，我们的停电时长是××，根据目前掌握的情况，您无须转移人员，另请您保持电话畅通，如果有任何变动，接到通知后我会第一时间与您联系。”	停电时长、无须转移、保持电话畅通、任何变动、第一时间、联系
		客户可忍受停电时长小于停电时长且无自备电源	“××先生/女士，根据目前掌握的情况，建议您转移人员/寻找备用电源，如您需要，我可以协助您转移人员或为您提供寻找备用电源的途径！”	建议、转移人员、寻找备用电源、协助、转移人员、提供、寻找备用电源的途径
6	解决问题	计划停电告知	“××先生/女士，是这样的，因××（停电原因），计划于××月××日××：××—××月××日××：××对××（设备）停电，停电涉及您所在区域，请您结合自身情况，提前做好准备，自备电源或转移相关人员（物品），给您带来不便我们深感抱歉。如果有任何变动，接到通知后我也会与您联系的。”	停电原因、停电时间、自备电源、转移相关人员（物品）、抱歉、任何变动、通知

续表

步骤	话术要点	场景	规范话术（参考语）	关键内容
6	解决问题	客户对计划停电安排不认可	检修/改造停电：“××先生/女士，您的心情我们非常理解，为了确保供电线路正常运行，避免用电高峰期间出现停电情况（或缺陷未处理出现故障范围扩大情况），我们特意安排××时间对您所在线路进行检修/改造。如您需要，届时我可以协助您进行转移或为您提供备用电源寻找途径。就线路检修/设备改造停电给您生活带来不便，我们深感抱歉！工作结束后我们将第一时间恢复供电。”配合市政停电：“××先生/女士，您的心情我们非常理解，因此次停电为配合市政施工，待施工结束后，我们将第一时间恢复供电，给您生活带来不便，我们深感抱歉。如您需要，届时我可以协助您进行转移或为您提供备用电源寻找途径。”	检修/改造停电：理解确保供电线路正常运行、安排××时间、检修/改造。如您需要、届时、协助您进行转移、提供备用电源寻找途径、深感抱歉、第一时间恢复供电。配合市政停电：非常理解、配合市政施工、第一时间恢复供电、深感抱歉、如您需要、届时、协助您进行转移、提供备用电源寻找途径、深感抱歉、第一时间恢复供电
		客户对计划（检修、改造）/配合市政施工延迟送电有异议	检修、改造：“××先生/女士，您的心情我们非常理解，因现场施工情况复杂（天气原因、现场阻工、突发情况等）导致送电延迟，我们会持续关注工作现场，督促工作人员加快进度，给您生活带来不便，我们深感抱歉，还请您谅解。”配合市政施工：“××先生/女士，您的心情我们非常理解，因市政施工暂未结束导致送电延迟，我们会持续关注市政施工进度，待施工结束后，我们将第一时间恢复供电，给您生活带来不便，我们深感抱歉，还请您谅解。”	检修、改造：非常理解、现场施工情况复杂、持续关注、工作现场、督促、加快进度、深感抱歉、谅解。配合市政施工：非常理解、市政施工、暂未结束、持续关注、市政施工进度、第一时间恢复供电、深感抱歉、谅解

续表

步骤	话术要点	场景	规范话术（参考语）	关键内容
6	解决问题	故障停电告知	未明确故障原因：“很抱歉，××先生/女士，您所在区域为突发故障停电，我们已经派工作人员赶往现场，现正在查线中，因地埋电缆线路较长又受天气影响（如是晚上），排查故障困难。暂不能答复您故障情况，我们会全力排查故障，尽快恢复供电，请您结合自身情况，抓紧准备自备电源或转移人员、物品，停电给您生活带来不便，我们深感抱歉。”已确定故障原因：“很抱歉，××先生/女士，您所在区域因××原因出现故障，工作人员正在现场抢修，预计恢复供电时间为××，但仍需看现场抢修情况，此时间并非为最终恢复供电时间，预计××点前（××小时后）能够恢复供电，请您结合自身情况，抓紧准备自备电源或转移人员、物品。停电给您带来不便，我们深感抱歉，还请您谅解！”	未明确故障原因：抱歉、突发故障停电、查线中、排查故障困难、尽快恢复供电、自身情况、抓紧准备自备电源、转移人员、物品、抱歉。已确定故障原因：抱歉、因××原因、故障、正在现场抢修、预计恢复供电时间、仍需看、现场情况、最终恢复供电时间、请您、抓紧准备、自备电源、转移人员、物品、深感抱歉
		客户对故障停电处理时间长不满	未明确故障原因：“非常抱歉，××先生/女士，故障发生后，我们抢修人员第一时间已开始进行排查，但由于线路情况复杂很多是地埋电缆，造成排查难度较大，故障点还未查到，暂无法确认恢复供电时间，建议您抓紧时间准备自备电源或转移人员（物品），如您需要，我可以协助您进行转移或为您提供备用电源寻找途径。也恳请您如果看到有故障现象或者听到异常响声，第一时间与我们联系，我们将通知工作人员赶往现场核实，尽量缩短故障处理时间。对于停电给您生活带来不便，我们深感抱歉。”已明确故障原因：“非常抱歉，××先生/女士，您所在区域因（××分接箱或××号箱式变压器、电杆断裂、电缆施工遭外力破坏）原因出现故障，工作人员正在全力抢修中，因现场需对供电设备（分接箱、变压器、电杆、挖开路面更换电缆等）进行更换或施工情况复杂（天气原因、现场阻工、突发情况）导致处理时间较长，建议您抓紧时间准备自备电源或转移人员（物品），如您需要，我可以协助您进行转移或为您提供备用电源寻找途径。我们会持续关注故障处理情况，督促工作人员加快进度，停电给您生活带来不便，我们深感抱歉。”	未明确故障原因：非常抱歉、抢修人员、第一时间、开始进行排查、排查难度较大、故障点、还未查到、无法确认、供电时间、抓紧时间、准备自备电源、或转移人员（物品）、协助您、转移、提供备用电源寻找途径、深感抱歉。已明确故障原因：非常抱歉、故障原因、全力抢修、施工情况复杂、抓紧时间准备自备电源、转移人员（物品）、协助您、转移、提供备用电源、寻找途径、持续关注、故障处理情况、督促、加快进度、深感抱歉

续表

步骤	话术要点	场景	规范话术（参考语）	关键内容
6	解决问题	客户需要协助转移人员、物品	“请您保持联系电话××畅通，我将上门协助您转移人员、物品，再见！”	请您、电话畅通、协助您、转移人员、物品
		客户需要提供自备电源查找的途径	“××先生/女士，您好！您可通过线上渠道（如58同城）寻找临时电源租赁公司，您可以搜索备用电源关键词自行选择。希望可以帮到您。”	线上渠道、搜索、备用电源关键词、希望、帮到您
		超出以上场景时	“××先生/女士，请您不要着急，我非常理解您的心情，我现在就将您的意见反映至上级，一定会非常重视您的诉求，尽量协助您解决问题，请您耐心等待，稍后我们会给您一个答复。”	不要着急、非常理解、意见、反映至上级、非常重视、您的诉求、解决问题、耐心等待、稍后、答复
7	结束引导	—	“您好！××先生/女士，这是我的联系电话××（工作号），后续有什么问题您随时可以联系我，您还可以加入我的工作微信群，方便我向您及时推送相关用电信息。此外你还可以拨打24h客服电话95598。感谢您对我们工作的理解和支持，祝您生活愉快，再见！”	客服电话、微信群、随时
8	质量跟踪	—	“您好！我是××供电公司××（工号）工作人员，请问您是××先生（女士）吗？请问您提出的××问题得到有效解决了吗？请问您对本次业务中供电公司的服务是否满意？”	有效解决
		客户评价不满意时	“请问您对哪个工作环节不满意？方便说下您不满意的原因吗？”	工作环节、不满意
		客户评价满意时	“感谢您的配合，再见！”	感谢、配合

附录C 光伏电价政策汇总

（1）2021年至今执行《国家发展改革委关于2021年新能源上网电价政策有关事项的通知》（发改价格〔2021〕833号）、《关于落实好2021年新能源上网电价政策有关事项的函》。补贴政策如下：

1）2021年起，对新备案集中式光伏电站、工商业分布式光伏项目，中央财政不再补贴，实行平价上网。

2）对明确纳入2021当年中央财政补贴规模的新建户用分布式光伏项目，即2021年1月1日及以后并网的户用分布式光伏发电项目全电量度电补贴标准为0.03元/kWh（含税），补贴从并网之日开始。

注解：①纳入中央财政补贴规模并网的截止日期由国家能源局确定，未纳入规模的用户无法享受补贴政策。②2021年8月30日之前并网的户用分布式光伏项目补贴电价由公司统一调整，8月31日及以后由各地市自行添加。③对从并网之日至2021年8月31日并网的户用分布式项目，公司统一进行政策性退补（需各地市公司核实），计算从并网之日起到8月31日的补贴金额。④2021年8月31日及以后并网的户用分布式项目由各市公司自行退补结算。

（2）2020年1月1日起执行《国家发展改革委关于2020年光伏发电上网电价政策有关事项的通知》（发改价格〔2020〕511号）、《财政部关于下达可再生能源电价附加补助资金预算的通知》（财建〔2020〕208号）。补贴政策如下：

1）降低工商业分布式光伏发电补贴标准。纳入2020年财政补贴规模，采用“自发自用、余量上网”模式的工商业分布式光伏发电项目，全发电量补贴标准调整为0.05元/kWh；采用“全额上网”模式的工商业分布式光伏发电项目，按所在资源区集中式光伏电站指导价执行。能源主管部门统一实行市场竞争方式配置的所有工商业分布式项目，市场竞争形成的价格不得超过所在资源区指导价，且补贴标准不得超过0.05元/kWh。

2）降低用户分布式光伏发电补贴标准。纳入 2020 年财政补贴规模的户用分布式光伏全发电量补贴标准调整为 0.08 元/kWh。

3）集中式光伏电站：新增集中式光伏电站原则上用过时长竞争方式确定，竞争电价不得超过 0.49 元/kWh。竞价在当地燃煤机组标杆上网电价（含脱硫、脱硝、除尘电价）以内部分，由当地省级电网结算，高出部分由国家可再生能源发展基金予以补贴。

注解：①根据《国家能源局关于 2020 年风电、光伏发电项目建设有关事项的通知》（国能发新能〔2020〕17 号）的规定，竞争配置工作的总体思路、项目管理、竞争配置方法仍按照 2019 年光伏发电项目竞争配置工作方案实行。竞争指导价按照国家有关价格政策执行。目前未发布 2020 年户用光伏项目补贴的截止时间，未明确 2019 年 11 月和 12 月并网的户用光伏项目的补贴政策。②根据国家能源局官网 2020 年 4 月公示，纳入 2020 年国家财政补贴规模的户用光伏项目是从 2020 年 1 月 1 日开始，未包含 2019 年 11 月和 12 月并网的户用光伏项目。③国家能源局 2020 年 11 月 16 日发布的《户用光伏项目信息（2020 年 11 月）》规定 2020 年 11 月 30 日为纳入 2020 年国家财政补贴规模户用光伏项目并网截止日期。④根据财政部〔2020〕208 号文规定：电网企业应严格按照《资金管理办法》，将补贴资金拨付至已纳入可再生能源发电补助项目清单范围的发电项目。在拨付补贴资金时，应优先足额拨付 50kW 及以下装机规模的自然人分布式项目；优先足额拨付 2019 年采取竞价方式确定的光伏项目、2020 年采取“以收定支”原则确定的新增项目；对于国家确定的光伏“领跑者”项目，优先保障拨付至项目应付补贴资金的 50%；对于其他发电项目，按照各项目应付补贴资金，采取等比例方式拨付。

（3）2019 年 11 月 1 日至 2019 年 12 月 31 日：国家能源局暂未明确相关补贴政策依据。

注解：根据国家能源局官网 2019 年 10 月 15 日公示，截至 9 月底，全国累计纳入 2019 年国家财政补贴规模的户用光伏项目装机容量已经超过 2019 年度可安排的350万kW新增项目年度装机总量，按照《国家能源局关于2019年风电、光伏发电项目建设有关事项的通知》（国能发新能〔2019〕49号）规定，当截至上月底的当年累计新增并网装机容量超过当年可安排的新增项目年度装机总量时，当月最后一天为本年度可享受国家补贴政策的户用光伏并网截止时间。为保持行业均衡健康发展，2019年10月31日为2019年度可享受国家补贴政策的户用光伏并网截止时间。

（4）2018年7月1日（含）至2019年10月31日执行《国家发展改革委 财政部 国家能源局关于2018年光伏发电有关事项的通知》（发改能源〔2018〕823号）、《国家发展改革委关于完善光伏发电上网电价机制有关问题的通知》（发改价格〔2019〕761号）、《国家能源局关于2019年风电、光伏发电项目建设有关事项的通知》（国能发新能〔2019〕49号）。补贴政策如下：

1）户用光伏项目：纳入2019年指标规模范围内的户用光伏补贴标准执行0.18元/kWh（含税）；截至2019年10月31日（含），河南省列入2019年户用规模管理的发电项目已额满。2019年11月1日（含）之后并网的户用光伏项目不再纳入2019年户用光伏规模管理，补贴标准待国家政策明确后，再予执行。电网企业对于2019年11月1日（含）之后并网的户用光伏项目持续提供代备案与并网服务；户用光伏具体情况可咨询当地供电企业。

2）光伏扶贫项目：扶贫项目补贴标准沿用2017年政策，根据《国家发展改革委关于调整光伏发电陆上风电标杆上网电价的通知》（发改价格〔2016〕2729号）全额上网项目电价为0.85元/kWh（含税、上网电价、补贴）；余电上网项目补贴标准为0.42元/kWh（含税）。2017年6月30日前并网且于2016年备案的项目按照2016年政策执行。

3）上述1、2类以外的光伏项目：要通过国家竞价取得补贴。

注解：①2019年5月29日（含）后新建户用光伏应依法依规办理备案等手续，落实各项建设条件，满足质量安全等要求，年度装机总量内的项目建成并网后可享受补贴。②2019年5月29日前建成并网但未纳入国家补贴范围的项目，可按通知规定向所在地电网企业申报，经当地备案机关和电网企业联合审核、确认后纳入2019年财政补贴规模并按2019年户用光伏度电补贴标准享受国家补贴政策。

（5）2018年6月1日（含）—2018年6月30日（含）执行《国家发展改革委 财政部 国家能源局关于2018年光伏发电有关事项说明的通知》（发改能源〔2018〕1459号）。补贴政策如下：

1）2018年5月31日（含）之前已备案、开工建设，且在2018年6月30日（含）之前并网投运的合法合规的户用自然人分布式光伏发电项目，纳入国家认可规模管理范围，全额上网电价为0.75元/kWh（含税、上网电价、补贴）。

2）余电上网项目补贴标准为0.37元/kWh（含税）。

3）未在2018年5月31日前备案、开工建设，2018年6月30日前并网的户用自然人分布式项目，若列入2019年户用光伏管理，按照0.18元/kWh标准补贴。

（6）2018年1月1日（含）— 2018年5月31日（含）执行《河南省发展和改革委员会关于转发〈国家发展改革委关于2018年光伏发电项目价格政策的通知〉的通知》（豫发改价管〔2017〕1355号）。补贴政策如下：

1）2018年1月1日（含）—2018年5月31日（含）新投运且2017年未备案的光伏发电项目，全额上网项目电价为0.75元/kWh（含税、上网电价、补贴）。

2）余电上网项目补贴标准为0.37元/kWh（含税）。

（7）2017年1月1日（含）—2017年12月31日（含）执行《国家发展改革委关于调整光伏发电陆上风电标杆上网电价的通知》（发改价格〔2016〕2729号）。补贴政策如下：

1）2017年7月1日（含）—2017年12月31日（含）新投运的光伏发电项目，全额上网项目电价为0.85元/kWh（含税、上网电价、补贴）。

2）余电上网项目补贴标准为0.42元/kWh（含税）。

3）2017年1月1日（含）—2017年6月30日（含）新投运且2016年未备案的光伏发电项目，全额上网项目电价为0.85元/kWh（含税、上网电价、补贴）。

4）余电上网项目补贴标准为0.42元/kWh（含税）。

供电服务典型场景
标准化作业指导

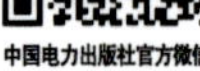

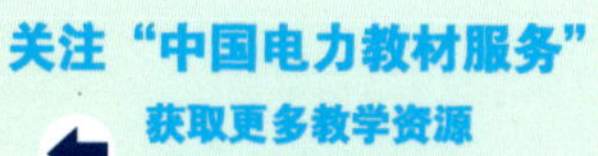

获取更多教学资源
享受全面教学服务

定价：30.00 元